房市老手 **21** 堂 超強實戰課

快速看穿
房屋買賣陷阱

陳淑泰◎著

Part 1 **賣房篇** 看穿壓價手法

Part 2　**買房篇　揪出重大瑕疵**

Part 3　**自救篇** 爭取應有權益

Part 4 **課外篇 聰明買法拍屋**

一起拯救老人「家」

　　寫完這本書，淑泰在朋友眼中已從「貴婦」晉升為「拯救老人『家』」的正義達人。猶如法國作家盧布朗（Maurice Leblanc）筆下的「怪盜」亞森・羅蘋一般，既不是、也不願做一個關起門來享受財富的有錢人，她總是依循心中正義的呼聲，善用聰明的頭腦和豐富的人脈與經驗，幫助身邊陷入險境的朋友。如果你也認同這樣的行事風格，就應該透過買書來支持她！

　　用「貴婦」形容淑泰，老實說有一點不公平，因為她的財富可是靠自己的知識一點一滴累積出來的。至於她身價到底如何不凡？我是從本書序章中看到一些蛛絲馬跡。例如，她在寸土

寸金的大台北地區買了「一些」房產，而且因為買房、賣房經驗不少，因此透過本書要跟大家分享她的房產投資經驗，讓大家買賣中古屋可以少走一些冤枉路。另外，根據她自己的描述：去年在準備搬家的過程中，順道整理一下「年輕到現在所開戶的一堆銀行存簿……，把用不上的銀行帳戶做結清。」走一趟路，就拿回「十來萬元的『零用錢』」，相信一般上班族應該少有這樣的經驗，只有「正港」的高資產族可以「遺忘」自己6 位數的存款。

　　不過，台灣雖然比淑泰有錢的人很多，但是，願意像她這樣，為了幫助身邊朋友，衝鋒陷陣、站到第一線對抗黑心仲介的高資產人士應該是鳳毛麟角。更可貴的是，她不只幫助了身邊的朋友，還願意花時間把這些能夠助人的專業知識和經驗，整理成書，與大家分享，藉此幫助更多對房產遊戲規則不清楚的朋友，讓他們只要拿著這本書按圖索驥，就能大幅降低受騙上當的機率。我實在要說，比起「買錯」、「買貴」，或是「賣錯」、「賤賣」，花幾百元買這本書，等於用地板價找一位經驗豐富的房產顧問，讓你可以安心搞定「房事」，這樣的投資真的是

太划算了！

　　尤其在人口快速老化的此刻，眼看「危老建築」愈來愈多，如果你不想臨老還無法搞定自己的居住事宜；或是擔心自家長輩爬舊公寓樓梯已經愈爬愈吃力、想要早一點協助他們把老房子做一些處理，那麼這本書將是你最棒的房事處理指南，因為淑泰就是為了「拯救」老人們的「家」，才動念出書分享自身的寶貴經驗，這個初衷絕對值得你買來與家人或朋友分享。

商周集團總經理

買房子一定要有理由

我認識資深記者陳淑泰已 10 多年了。初見面時，我就發現她人美、聰明、善良、口才好，且文章寫得好。我知道她有天一定會成為大作家。過去她都是幫別人寫書，沒有自己的書，今天知道她自己要出書了，心裡真是替她感到無限開心。

看到陳淑泰寫房屋交易的書，讓我想起我 30 年前買房子的往事，那是我現在住的家；地坪 100 坪、建坪 120 坪，前屋主想賣我、但捨不得。我因為很喜歡屋後一個非常巨大的天然石頭，想做個花園、收藏這石頭，所以我出了比市價高出 120 萬元，屋主很快就賣我了。所以我在買房子時、沒有像買股票那樣仔細推算價錢，但是買房子和買股票一樣，你買進一定要

有一個理由。

2018 年我兒子在北部看中了一間房子,有 44 坪,每坪賣價不到 20 萬元、車位不到 150 萬元。兒子問我可以買嗎?因為我沒有在北部買過房子,買房子的經驗也沒有很多,所以我要他跟陳淑泰請教。

我記得兒子跟陳淑泰見面約 3 個多小時,之後兒子就毫不猶豫地把這間房子買下來。他說,因為陳淑泰小姐告訴他,這一定是這區域最後一間一坪 20 萬元以下的物件。現在這房子一坪市價超過 40 萬元以上了。4 年漲 1 倍,都是陳淑泰的指導。

陳淑泰小姐無私分享她在房地產上的交易心法,我認為是讀者非常大的福氣,我極力推薦陳淑泰小姐這本好書。

《平民股神教你不蝕本投資術》作者

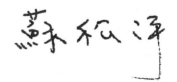

買房先求不傷身體再看效果

當時淑泰向我提出了出書的邀約，小哥跟她說，與其說這是一本如何教權證獲利的書，不如說這是一本如何規避權證風險的書。所以第 1 本書《權證小哥教你從十萬元變千萬》，只有書名是寫權證高槓桿、高獲利的特性來吸引讀者，但是內容通篇都是提醒權證的交易陷阱。

在合作的過程中，小哥覺得淑泰是一個相當有正義感的人，針對交易市場的不公義，還特別介紹了證交所的高層給小哥認識，讓散戶們有發聲的管道。所以現行權證交易中對很多造市券商的規範，還有造市措施，小哥和淑泰在當年也盡了一份很大的力量。

買房子跟投資一樣，先講求不傷身體再看效果，很開心淑泰出了這本書，肯定能幫助購屋族或換屋族，避開交易的陷阱。

這本書的內容，一如我認識的淑泰，依舊是充滿著正義感，且文筆流暢，一翻閱就想全部看完，非常引人入勝，就跟之前幫小哥出的書一樣。小哥不是自誇，沒有淑泰的協助，自小文筆差的小哥，壓根兒沒有出書的念頭。

淑泰總是可以將文字寫得很生動，就像是一個老朋友在你身邊說話一樣，如此悅耳舒服。

這麼好的書，小哥一定要推薦給各位買回家好好珍藏。

《權證小哥教你十萬元變千萬》作者

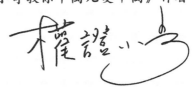

期盼中古屋市場
走向良善循環

　　我是陳淑泰。有 20 多年記者的資歷,早期在《中國時報》主跑司法及社會線,之後在《工商時報》負責台灣證券交易所及電子科技、金融產業新聞,後來到《Smart 智富》月刊任副總主筆,長期關注股票、期貨及各類投資市場的商品動態。認識我的讀者,應該很熟悉我過去書寫的主題,不外證券、期貨、選擇權、衍生性金融商品,包括後來素人高手的採訪和報導,像是平民股神蘇松泙系列,權證小哥的權證及股票期貨系列,外勞卜松波傳奇等等。

　　這回,我寫買賣房屋的陷阱!讀者可能覺得奇怪,我什麼時候「撈過界」、涉足房地產領域了?

會起心動念寫這本書，跟我及時搶救了一個老人「家」有關，這事發生在 2021 年初。當時一對分別 90、80 歲的 C 家老先生、老太太，被房仲業務員誘騙，以低於市價約 300 萬元的價格賣房，在約好跟買方簽約的前幾個小時，C 家女兒跟我聯繫求救，說全家人不想賣房，她爸爸甚至老淚縱橫，說如果房子賣掉他也不想活了；但房仲公司卻說，如果不出面簽約就要賠 4% 違約金、大約是 62 萬元，他們也拿不出現金來。

我飛車帶著 C 家女兒前往房仲公司，指出他們售屋過程中的誘導、瑕疵，及違法違規的細節，明確表示我們不賣房，也不付違約金。另一方面，要女兒趕緊寫申訴信到總公司，並且準備向主管機關投訴。當晚，房仲店經理態度放軟，打電話連聲道歉，並表示他們會深自檢討業務員的缺失，也絕對不會再要求違約金。

C 家自然感謝於我的出現，因其女兒是媒體同業，知道我過去有豐富的買房賣房經驗，遂大力鼓勵我以這事件為起頭，寫了這本書。

本書序章會詳細描述這件事的發生過程，以及說明我為何會有這麼多買房賣房經驗；Part 1 將以此經典案例作延伸，告訴你在準備賣房子時，可能會遇到某些不肖房仲業務員的誘導拐騙常見手法，只為壓低你的售價。Part 2 則是提醒你，如果要買房，要小心分辨可能會碰到的買房陷阱，以及如何避免買到各種瑕疵房屋。Part 3 是根據我與親友的經驗、及我蒐羅多時的資料，告訴你若已不慎誤蹈陷阱，如何在法律上及行政程序上自力救濟。最後的 Part 4，我將簡單教大家去標購法拍屋。

回到我寫這本書的初衷，希望能幫助看到這本書的讀者，順利開心地買房賣房；不要因為買賣房子次數不多、經驗值較少，就被黑心房仲或屋主給矇騙；這本書也許不能直接教你賺大錢，但可以讓你避免賠大錢。

我在《Smart 智富》月刊待過 9 年多的時間，《Smart 智富》站在幫助投資大眾的立場，經常出版工具書，教人一步驟一步驟投資賺錢；回到老東家簽訂本書的出版契約時，我自己調侃，這本書是「功德書」，而不是「工具書」，因為這本書除了想

救人，另一方面又像是勸人放下屠刀，能夠及時行功造德的。
希望黑心業者的惡行不能得逞，劣幣能逐漸淘汰，讓整個中古
屋市場的交易，逐漸走向良善的循環。

陳泳泰

2022.05

促成本書的「經典」實例

　　會動筆完成這本書，藉由我過去與少數黑心房仲周旋的經驗，來幫助讀者們避免踩到房屋買賣陷阱，並進一步自救，這要從 2021 年年初，偶然發生的一件事說起。

　　在離開《Smart 智富》月刊之後，我先到一家上市櫃公司集團任職副總約 2 年，以市場派的身分協助取得另一家公司的經營權。之後自認階段任務完成，衡量家裡需要（其實是出差到不要不要的），就決定暫離職場、不出門上班了，只擔任一些未上市公司的董事或監察人。

　　記得 2021 年年初，家裡剛好買了一間稍微大一點的房子、

準備換房搬家。我在整理物品時，翻出從年輕到現在所開戶的一堆銀行存簿，其中半數以上都好幾年沒有使用了。想想自己已是半百老嫗，不要等到腦子不清楚、做不來的時候，還得要兒子替自己煩心。某天早上就決定出門走一走，把用不上的銀行帳戶結清，繞一趟路 1 個多小時，拿回十來萬元的零用錢，算是小小開心。

當天下午 3 點半，我擔任監察人的一家公司要開董事會。大約 3 點，我正在換衣服準備出門之際，手機裡傳來前同事 C 的訊息，寫著：「我現在情緒好低落，可以跟妳聊一下嗎？」我眉頭一緊，不知道她發生什麼事了？

起因》友人高齡父母不願低價賣房，險賠違約金

寫到這裡，我先插個話補充一下背景，在離開職場之後，我給自己訂下「愛自己、愛身邊的人」的工作目標（讀者看了不要笑我矯情），因為覺得自己人生已經很幸運，德不配位，理應盡可能幫助身邊的人，同時多做社會服務。所以儘管離出門

去開會的時間有點緊迫，我還是一手拿包包、車鑰匙，另一隻手回撥了電話給她。

C 在電話中的聲音，聽起來有前所未有的焦心和沮喪，與她過去一慣理性又冷靜的性格完全不同。我急問她：怎麼了？發生什麼事了？她說：「我媽竟然被房仲誘騙，要用一個很低的價格，把我老爸這一生努力存下的一間房賣掉；而且今天晚上 7 點半就要簽約，我們完全無法阻止。」

我聽了一頭霧水，不想賣房子但卻被迫必須要賣房子？在台灣高度自由民主的社會，會發生這種事？

C 先簡短地說，大概兩個星期前，老媽媽因為跟兒女吵嘴賭氣，出面跟房仲簽約委託賣房子。沒想到房仲才一個多星期就找到買家。房仲說，因為委任契約已經簽定，如果到價不賣的話，C 家要賠 4% 的違約金，用委託賣價 1,560 萬元計算的違約金大約要 62 萬元。而這整個過程兒女都沒有參與，出面阻擋時已經來不及，他們一下子也拿不出這筆錢，眼看只能被迫

賣房了。事情進行得太快、發生得太突然，現在全家陷入愁雲慘霧，不知該怎麼辦好！

　　我立刻問她，確認父母現在的意願是真不想賣嗎？她說對，房子在父親名下，父親壓根兒不想賣房子，今天早上還說出，「房子若是賣掉，也不想活了！」這種喪氣話。而老母親則是自責又懊悔，深覺對不起父親和家人。

　　我說好，確認父母現在都不想賣房子就足夠了，那就千萬不要現在賣房子。或是可以這樣理解：你們家需要更多時間思考到底要不要賣、用多少錢賣，不需要急在今天就簽訂買賣合約。「我們又不是在什麼極權國家，哪有人可以強迫別人賣房子的？」我這樣跟 C 說。

房仲問題1》犯下2程序瑕疵，足以構成不賣房理由

　　但 C 一再擔心要賠付 4% 違約金。我說，我跟你一起去這家房仲店面跟店經理說清楚，母親簽委任過程及房價的推算，都是被房仲業務所設計及誘導的，而且中間有太多的程序瑕疵；

因為有 2 個爭議點，我們可以不用同意賣：

①房子是在父親名下，但父親最初沒有簽名委託，或是授權母親賣房！

②因為仲介在最後關頭硬是再砍價 10 萬元，這代表買方出價並沒有真的達到合約上的委託賣價。

「總之，今天晚上絕對不能簽約就是了，」我強調。

我查了 Google 地圖，從我開會的地點開車到這家房仲店面，至少要 20 分鐘，而我 5 點半要趕回家裡附近接小孩；假設下午 4 點半開完會，中間只剩 1 個小時，要開車來回、還要向他們說明立場，加上又是交通尖峰時間，顯然又是我發揮駕駛技術的時候了。

我要 C 先聯絡房仲店經理，說我們有要事找他，請他務必留在店裡；同時要 C 先動身到我開會的地點會合，等我開完會，兩個人可以一起出發，好節省時間。

幸好那天的董事會議題比較單純，會議時間並不長，大約下午 4 點 10 分就結束了，我們立馬飛車出發。途中 C 向我仔細敘述了事情來龍去脈……

C 父高齡 90 歲，半年前發現身有重病，上個月醫生安排動了一個大手術；而母親年事也高、已經 80 歲，是父親開刀後的主要照顧者，必須天天幫傷口清潔換藥，等於是老人家照顧老人家。母親也有小病痛在身，在這段時間備感心力交瘁和委屈，不時抱怨，而父親因為開完大刀的不適，兩個老人家的精神及情緒狀況都很不好。

大概半個月前，母親和兒女吵架，對於是不是要繼續住在養老院，以及安排兩老和兒子住房的事情爭執。母親賭氣之下，想賣房子換現金，所以在沒有告知兒女的情況下，自己找了房仲業務員簽訂委託賣房的契約。

房仲問題2》估價不實，誘導賣方賤賣房屋

C 父的房子是公寓 5 樓，權狀坪數 30 坪，頂樓加蓋 20 坪，

目前是給兒子住；而這個房仲業務估價時，沒有計算頂樓加蓋的坪數，建議 C 母用一個很低的價格委託他們賣房。

C 母簽約之後隔天，就曾經向房仲提出售價太低，希望可以提高賣價，但房仲業務只是嗯嗯啊啊沒有處理，甚至拿出民國 106 年（西元 2017 年）的實價登錄紀錄，說這坪單價已經是那個路段成交價格的歷史新高之類的……連哄帶騙地要 C 母不要改價。

還有一個重點是，房子是登記在 C 父的名下，卻是由母親出面簽訂房子出售的委任契約；房仲業務員一直到找到買家、說要簽約時，才發覺這個問題，並且在準備簽約的前 3 天，才要求 C 父補簽「授權同意書」，也是在這一天，C 父才意識到房子要被低價賣出。老父親才動刀出院沒多久，就要面臨一生努力攢下的唯一一間房要被賣掉，心裡肯定很難接受。

話說我一路疾駛前往房仲店面的路上，真的超級心疼這兩位老人家的遭遇，更是對這家房仲的業務員惡劣行徑相當氣憤。

　　但 C 一路上還是擔心違約金的事，滿臉愁容地說，不只業務員、連店經理也說委任合約裡有寫到違約金。她說，爸爸表示不願意簽下「授權同意書」時，店經理還打過電話給她，半威脅地說：「沒關係啦，老人家沒有考慮清楚，那個 4% 違約金我再向總公司爭取看看能不能酌減一些……」店經理的意思是這違約金是一定要付的，只是不一定要付滿 4%。

　　我跟 C 再三保證，她年邁的父母簽委託售屋時，身體心理狀態都這麼不好，他們行為的法律效力是有爭議的。而且房仲業務員處理這個案子的整個程序和手段，不但非常不合情理，可能還不合法，我們透過向消保會 (即「行政院消費者保護會」) 申訴，一定可以制約這家房仲公司，就算最後他們還是強要這 4%，就來打官司，我們一定站得住腳，要她別擔心。

　　我們到了房仲店面，店經理並沒有如約現身，只有負責此案的業務在店裡，他一見面就說要帶我們去小房間談。我壓抑住滿腔怒火和不滿，說：「不用去小房間，你們公司接待處這裡有錄影機，我們在這裡談就可以。」

解法》聲明將依法申訴並錄音存證

我說，「我們接下來會錄音，請你們務必確認也有錄音錄影，一來是為了轉知我們的立場給店經理，二來是這樣可以保障雙方的權利和義務，因為我們會去向你們總公司和消保會投訴你們；最重要的是，若老人家因為你們的欺騙而影響情緒，造成身體或精神上的損害，我們會向你們求償，之後訴訟的話會用得到。」我邊說邊拿出手機，按下錄音鍵。

我們有幾點聲明：

1.今天晚上我們不會來簽買賣合約。因為老人家一個高齡90歲、一個80歲，在身心狀況不佳、又沒有任何兒女的陪同下，被你們的業務員誘導，簽了一個低於市場行情的賣價；期間表達想要提高房價，你們也沒有理會。

前一次老先生、老太太的中國籍媳婦要買房子的時候，你們擔心媳婦的行為能力，所有過程都要他們家兒女陪同出席；這

次老先生、老太太賣房子，你卻完全沒有聯絡他們家屬，這樣不是標準不一、擺明欺負老人家嗎？

老先生 1 個月前才剛動完大手術，80 歲的老太太要照顧 90 歲的老先生，每天要清潔開刀傷口、防止感染。他們身心都很虛弱，沒有辦法好好思考，整個賣房過程又這麼倉促，所以兒女主張這個委售契約是不具效力的。

2. 所以 C 家這邊也不會履行這個委售契約的任何內容。要賠 4% 的違約金的部分，也一毛錢都不會給付，因為你們的整個過程充滿瑕疵、矇騙、謊言，手法太粗糙。

3. 你們在子女不知情下，跑了 3 趟養老院、或不斷打電話騷擾老人家；房子是在老先生名下，對託售原本不知情，你們很快找到買家，要他補簽授權同意書，老先生突然得知房子要被賣掉非常傷心，情緒起伏說要自殺，這個你們知道嗎？我要很嚴正地說，這段時間老先生、老太太的身心若受到一絲一毫的損害，我們會尋求醫生和律師的幫忙，打民事損害賠償訴訟，

讓你們一分一毫都要賠償他們。

這個案子的主辦房仲業務員「阿傑」開始結結巴巴地想要解釋。他先是跳針地重複兩次說：「這個價格已經是這個路段歷史最高價……最高價……、我做這個案子是純服務……。」

我聽了更火，馬上打斷他，我說，「因為這條街道剛好很短，在上面的房子本來就很少，近幾年的成交件數更是寥寥可數，你拿這麼多年前的成交價格，來說現在這個價格很高、是歷史新高，這根本就不具參考基礎，以這幾年房市的漲勢，每一個案子都會是歷史最高價。而且什麼叫『純服務』？你不要裝做這麼有愛，純服務是指不收仲介服務費嗎？」

這時候有另一個房仲業務員跳出來，提高音量地說：「我們都跟老人家好好說話啊，沒有太大聲、讓他們感覺害怕什麼的！」

這個業務員理著小平頭，瘦瘦黑黑，看起來還真有幾分流氓

樣，一副想要四兩撥千斤的態度。聽到他這幾句話，我當下感覺他不打自招，應該就是常常被人說「講話很大聲」，會讓 C 父 C 母感到害怕的人。

　　我問他，先生你貴姓大名？他回我姓李。我說：「李先生，有沒有讓人心生畏懼是很主觀的，你剛才說話我就覺得很大聲，讓我感覺害怕了，你又如何知道當時老先生、老太太沒有心生畏懼？這也是他們說才算數，不是你說了算。」

　　「而且你剛才跳出來，代表你也都有陪同阿傑一起去找老先生、老太太？我們今天晚上就會針對這個案子投訴到你們總公司，一定會記得把你的名字也寫上去。明天，我們也會去消保會投訴你們的行為。」

　　阿傑還想再解釋，說我們用「誘騙老人家」來扣他帽子他無法接受，他並沒有這樣……。我說：「你不用向我們解釋，你可以維持你的看法、我也可以維持我的。你放心，我申訴後，我相信總公司和主管機關一定會讓你有解釋的機會。」

話說完，我站起來準備離開，也示意Ｃ一起往門外走。這時，姓李的先生馬上說，店長正在回店裡的路上，看我們可不可以等他。

　因為我還得趕時間接小孩，回說：「不必了，我們已經表達得很清楚了，你們記得播放錄音給他聽就好。」李生先又馬上說，「或是你們要去哪裡，店長可以去找你們。」我也馬上回絕：「不麻煩了，你們有新的決定再通知我們就好。」走出店外的同時，我餘光瞄到一同在店裡的7、8個業務員，個個瞪大眼、目送我們離開（他們內心OS應該是：沒有看過這麼恰北北的）。

尾聲》房仲自知理虧，告知不必賣房也免賠違約金

　回程的路上，我要Ｃ趕緊準備晚上寫申訴信到總公司，因為原本房仲業務說晚上7點半簽約，我們這一方未到，所以至少要在差不多的時間之前，把未到的理由寫到總公司去。代表我們不是無故不到。

C 在車上接到妹妹的來電，確認是不是就不到場簽約賣房了？C 回答說對，最壞的打算是賠那 4% 的錢。我聽了再次跟 C 強調，不可能的，我們絕對不拿出錢來，就算要打官司，我有很大的把握我們不會輸。

大概晚上 9 點半，我接到 C 的來電。她剛和店長講完電話，是店長主動打來，她說店長的語氣客氣至極、一直道歉，說絕對不會、也不可能強迫老先生、老太太違背意願賣房子，也不會要求 C 家拿出 4% 違約金。這件事就這麼結束了，店長還說，如果下次還有需要他們服務的地方，還是希望 C 家能再給他們一次機會……。

C 相當高興，說完全沒想到轉折得這麼快，他們家白天還在愁雲慘霧中，就這樣解決了個大難題，全家破涕為笑。她不停地說：「還好你離開媒體圈時還和你保持聯絡，還好我今天有想到你。我爸媽說一定要請你吃飯、請你到陽明山上吃土雞。」

隔天，C 傳訊跟我說，阿傑和那個姓李的先生，還送了燕窩

到養老院給老先生、老太太致歉，請求原諒。至此，這件事算是圓滿告終。

因為 C 知道我們家曾有多次跟房仲業者交手的經驗，加上這次的快手相助，她於是大力推薦我以這次事件為開頭、輔以過去的實務經驗及方法，寫成一本書。她還說，已經幫我想好這本書的標題叫做：《拯救老人「家」》，很有趣。這就是本書誕生的經過。

雖然 C 家的事件落幕了，但整件事，我覺得有很多令人心痛的部分。其中最大的一塊是，C 是有 30 年資歷的媒體人，對財經領域也有涉獵，當自己成為當事人的時候，仍然信了黑心房仲的恐嚇話術：「如果不去簽約賣房，要賠 4% 的違約金。」

房仲店長當初還說，因為他們派出了所有的人力，帶看了 20 幾組客人，C 家要負擔他們已經付出的成本……云云，讓 C 一家人都誤以為只有被迫賣房，或是不賣房但得賠付違約金這兩種選擇。

我覺得這種手法真的很糟糕！其中還有很多細節，我們下一 Part 再談。

回溯》交易中古屋曾多次吃虧，三折肱成良醫

在寫過一堆投資工具書後，我曾幻想著自己的下一本書，應該是什麼社會寫實小說，或是風花雪月的言情短篇之類的。但幻想終究是幻想，我還是先寫了這本關於房屋交易陷阱的書。

而我與房仲交手的經驗，應該說是「三折肱而成良醫」，白話文就是：受騙上當的經驗太多次了。先來談談我們家為什麼會有這麼多買屋經驗，以及我的「室友」S 先生為什麼會想要（或是說需要）一直買房好了。

S 先生有過一段很晦澀的少年成長階段，造成他對於「賺更多錢買一個理想中的大房子」有莫名的渴望。

大概是 30 多年前吧，S 家原本在台北市八德路有間公寓，

但就在台北市房價要起飛之前，父母突然決定把台北房子賣掉，舉家搬到台中去。當時他還在台北市念高中，於是寄住在沒有血緣關係的單身鄰居叔叔家。

叔叔的房子是一間眷村低矮平房。晚上少年 S 睡在鐵架床的上層，離天花板很近，天花板上就是老鼠大哥的家，鼠大哥經常在半夜忙活，一下咚咚咚跑過來、一下又咚咚咚跑過去，在他頭頂上跑得不亦樂乎。

鼠大哥偶爾還會沿著屋角管線洞裡鑽下來覓食，頗嚇壞少年 S 的。S 寄人籬下，沒有家人在身邊，已經夠缺乏溫暖了，寄住的房子屋況差，更添少年 S 內心的苦楚。我相信對現在 50 歲的人來說，生長在台灣經濟起飛的年代，應該少有像 S 先生如此悲涼的年少回憶。

所以一般人終其一生自購自住的話，最多可能就換個 2 次、3 次房，但是 S 先生和我從 2002 年買第 1 間房開始，到現在不過 20 年就換了 4 次房，因為 S 先生似乎永遠都不滿意眼前

的房子，總認為「可以再換一間更大更好的」；也幸好他的薪水收入可以支撐他一路以來對房屋的特殊「需求」。

除了成家後要住的房子之外，S先生也有很特別的原生家庭。因為父母年老後無法同住相處，有一個手足多數時間也要依附家裡，這3個人的住房問題，也是 S 先生必須幫忙打點的。

像是年邁的母親從台中搬回台北之後，他為了安排母親的住處就買過3次房，包括新北市一間公寓、台北市南區的透天別墅，還有一間法拍屋（這間法拍屋是我研究許久，自己去法院買標書、寫標單拍得的，如何買第1間法拍屋，我在 Part 4 中細談）。

另外，S 有一位老友，因為擅長整修房屋，退休後就做隔間套房出租，一方面打發時間，又可自己創造現金流，所以我們也跟著他見識了不少房產交易。

計算下來，我和 S 先生與房仲交手的經驗，大概用手指頭和

腳趾頭都不夠數。加上當記者接觸的人多，也聽到不少身邊朋友發生買房賣房時發生的「鬼故事」。

所以我對房仲業務員的話術、套路，可以說是很熟悉；也因為買賣次數多、誤觸的陷阱也多，也自己研究如何申訴及救濟，我們曾經兩次從房仲公司那裡拿回幾十萬元的仲介服務費（這個教戰我們在 Part 3 詳談）。所以比起一般人，我想我還算有資格提筆寫這本書。

提醒》懂維護自身權益，為房屋交易前重要必修課

在詐騙當道的年代，這是一本防錯的書，看這本書可能沒辦法讓你賺大錢，但可以讓你不要賠掉大錢。這世界上有人大富大貴，有人一生順遂——大富大貴的，我相信他這輩子肯定做了很多對的事；而一生順遂的，我認為，一定是一路謹慎小心，沒犯過什麼大錯。

一般人一生中買房、賣房的次數不會太多，就因為機會只有

1 次、2 次或 3 次，每一次都事關重大。如果這本書，可以阻止一次 C 家年邁父母發生被誘騙賤賣房屋這樣的事；可以讓好不容易存到頭期款買房的年輕人，避免買到瑕疵屋；或是讓一生只能買得起一次房的低薪族，能夠節省一些仲介費、把屋況整理得更完好；可以讓遇到黑心房仲的消費者，知道如何維護自己的權利，在付了大筆仲介服務費後，追回一些金錢和心理上的雙重補償。那麼，我寫這本書就值得了。

其實我已經是一個快樂的投資人（但不是房地產投資客！在第 19 課有寫到，我和 S 先生因為投訴某家房仲公司而被這家房仲公司列為拒往，原因是「我們是房產投資客」，所以他們不歡迎），退休生活無虞，金融商品的投資才是我原本的專長。如果你要問，我是如何挑選房子的，我的基本條件只有 3 個：台北市、有車位（或在同一棟樓租得到車位）、有電梯。

我 20 年前買的第一間房就符合上述條件，即使是在台北市信義區的邊陲小巷裡，只有兩房一廳，記得價格是 370 萬元。所以我建議年輕人一定要買房，從小房換大房，從市郊再慢慢

換到市中心，你會感覺買房子沒有想像中困難。而挑房子的訣竅是多看，多看房你才可以多比較不同物件的優劣。我早期買房前，都至少看半年以上，甚至 1 年多，現在則是已經把看房子當成嗜好了。

　　希望看到這本書的讀者，無論是要買屋，還是賣屋，都能事先做好準備；如果真的遇到書中提及的類似情境，將能夠有所戒備而避免誤蹈陷阱。我更希望的是，整個中古屋的交易市場能夠愈來愈誠實、透明且自由。

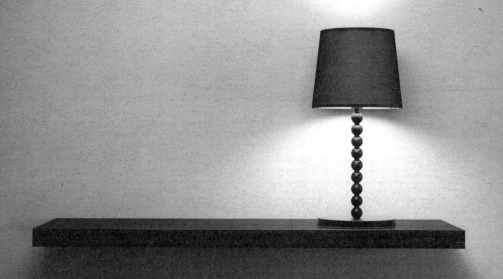

Part 1 賣房篇
看穿壓價手法

我在序章裡敘述了 C 家售屋事件的大致經過，光是這起事件，就能拆解出多種不肖房仲業務員慣用的惡劣手法及話術，可謂十分經典。

細看這些手法，其中的前 3 種都跟「賣屋的售價」息息相關，分別是「無視違建定義，誆稱頂樓加蓋不能計入房價」、「只取對成交有利物件，做出不實成交行情表」、「假斡旋、真探價，只為了再砍價」。也就是說，當你委託房仲賣房時，若遇到不肖仲介，就會發現他們會想盡千方百計壓低你的委託售價，以求盡快成交，甚至是企圖低價承購再轉賣。接下來，我們就來看看 8 種仲介慣用的壓價手法。

第1課
手法1》無視違建定義
詭稱頂樓加蓋不能計入房價

「舊公寓頂樓加蓋不能計入價格」這真的是騙外行人的外行話；而 C 家案件裡，被詭騙的受害人則是老人家。

我們先以台北市房屋來說，依據「台北市違章建築處理要點」總則第 3 條（詳見不動產相關法規❶），依照違建產生的時間，以民國 84 年（西元 1995 年）和民國 53 年（西元 1964 年）為兩個區隔線，共分為「新違建」、「既存違建」、「舊有違建」3 類。

而這 3 類違建處理的方法各有不同，在「台北市違章建築處理要點」裡寫得很清楚，1995 年之後的新違建，的確是被舉

不動產相關法規❶

「台北市違章建築處理要點」總則第 3 條

三、本要點之用語定義如下：

（一）新違建：指民國 84 年 1 月 1 日以後新產生之違建。

（二）既存違建：指民國 53 年 1 月 1 日以後至民國 83 年 12 月 31 日以前已存在之違建。

（三）舊有違建：指民國 52 年 12 月 31 日以前已存在之違建。

（四）老舊房屋：指民國 35 年 10 月 1 日以前及本市改制後編入之 5 個行政區（文山、南港、內湖、士林、北投）都市計畫公布前已存在之建築物。

（五）修繕：指建築物之基礎、樑柱、承重牆壁、樓地板、屋架或屋頂，依原規模、原材料且其中任何一種未有過半之修理或材料置換行為。

報就會立刻被拆除的（但是其中有很多除外條款，包括外牆雨遮 1 樓淨深不超過 90 公分，2 樓不超過 60 公分。或是假山水魚池、無壁體花架等等，通常就是符合常情、不妨害公共安

全的小違建之類，很類似法律上「微罪不舉」的精神）。

1995年前的頂樓加蓋，目前只列管不拆除

而在 1995 年以前蓋好的建物，台北市政府在同項法規第 4 大項第 24 條裡面寫明：「既存違建拍照列管，列入分類分期計畫處理。但大型違建、列入本府專案處理或有危害公共安全、山坡地水土保持、妨礙公共交通、公共衛生、市容觀瞻或都市更新之違建，由本局訂定計畫優先執行查報拆除。」

用白話文來解釋這項條文，意思就是，在 1995 年以前蓋好的房子中，頂樓加蓋只要沒有危害公共安全，不影響水土保持，不會妨礙公共交通或衛生的，市府就先行拍照列管。一般來說，加蓋是蓋在自家樓頂上，一般不會有上述的問題。

至於「列入分類分期計畫處理」這幾個字，似乎又留有解釋空間；不過，依現有狀況來說，目前市政府還沒有擬定任何分類分期計畫；也就是說，這個是未來可能會處理，但目前不會

不動產相關法規❷

「台北市違章建築處理要點」第 5 大項

伍、既存違建之修繕

二十六、既存違建之修繕符合下列規定者，拍照列管：

（一）依原有材質修繕者。

（二）依原規模無新建、增建、改建或加層、加高擴大建築面積之修繕行為。

（三）依原有材質修繕確有困難而改以非鋼筋混凝土之其他材料修繕。

處理的。所以「既存違建」，又被稱為「緩拆違建」。

　　很有趣的，同項法規第 5 大項裡面（詳見不動產相關法規❷），還很明白仔細地告訴你，如果買到既存違建的話，要如何修繕，大概的意旨是說，只要依照原有的材質，沒有增建或加層、加高，擴大建築面積的話，市政府建管處同樣僅拍照列管；而且在這條文裡，市政府還非常善意地告訴你，如果找不

到原有的材質，只要改以「非鋼筋混凝土」的其他材料修繕的話，還是可以過關的！也就是說，只要原有面積和高度不變，且不用到鋼筋混凝土，用其他材料修繕都是 OK 的。

各縣市政府機關對於違建物的處理，各有不完全相同的規範和做法，而目前的大原則，是依據「違建建物產生的日期」做區隔，詳見表 1。

頂樓加蓋計價，多為房屋單坪售價1/3～1/2

至於頂樓加蓋的房子是如何計價呢？頂樓加蓋一般被簡稱為「頂加」，業界通常會以房屋單坪售價的 1/3 ～ 1/2 來計價，比較保守的算法是以 1/3 計價。如果房屋位於精華區、蛋黃區，或是距離捷運很近，就能再上調，但通常不會超過該房屋單坪售價的 1/2。

假設一間公寓 5 樓有 35 坪，6 樓頂加有 22 坪，建造在民國 75 年（西元 1986 年），5 樓的坪單價是 1 坪 48 萬元。

表1 **各縣市以違建最初存在日期來界定處理方式**
政府機關對於各違建物的定義

	舊違建	既存違建	新違建
台北市	1963.12.31前已存在之違建	1964.01.01～1994.12.31已存在之違建	1995.01.01後新產生之違建
台中市	1998.10.01前興建（改制前原台中市轄之8個行政區內）	2011.04.20前興建完成	2011.04.21後興建完成
台南市	－	2010.12.24前興建	2010.12.25後興建
高雄市	－	2012.04.01前興建完成	2012.04.02後興建完成

註：各縣市規定以民國年表示，此處為方便閱讀轉換為西元年

頂加的售價就應以 48 萬元的 1/3，也就是每坪約 16 萬元來計價，共計 352 萬元。有產權的 5 樓價格 1,680 萬元，加上頂加 352 萬元，總價應為 2,032 萬元。

不過我仍要強調，違建還是違建，緩拆的既存違建，屬於一

種政府允許你暫時可以使用的狀態，你只有「暫時使用權」，所以一般才會用 1/3 的價格來計算，但並不是讓你「就地合法」。這一點很重要，大家不要搞混了。

而頂加的既存違建如果和鄰居有糾紛，還是有被拆除的案例。目前看過被拆的，通常是違建影響到鄰居權益的，比如說整修頂加時漏水到樓下的住家，使鄰居心生不滿；或是把頂加隔成套房出租營利，導致進出分子複雜、造成環境髒亂、發出吵雜的噪音，就容易引起鄰居不滿而告上法院。

從法律的角度來看，大樓和公寓的頂樓平台原是屬於全體住戶所有，供逃生或住戶活動用，樓下住戶如果向法院起訴請求除去返還，通常法官會依《民法》767 條第 1 項（詳見不動產相關法規❸），判決「排除侵害」而拆除。只要法院說要拆，這個頂加不管是何時增建的，是老違建還是新違建，都要被拆。

此外，現在也很多頂樓加蓋，做成隔租套房使用的，樓下住

不動產相關法規❸

《民法》767 條第 1 項

所有人對於無權占有或侵奪其所有物者，得請求返還之。對於妨害其所有權者，得請求除去之。有妨害其所有權之虞者，得請求防止之。

不動產相關法規❹

《民法》818 條

各共有人，除契約另有約定外，按其應有部分，對於共有物之全部，有使用收益之權。

戶也可以依《民法》818 條（詳見不動產相關法規❹）要求利益分配。

購買有頂加的老屋，必問3大問題

大家可能會問：為什麼各縣市政府說「緩拆」，但法院卻「說

拆就拆」？因為各縣市政府的規定屬於行政命令，效力不及於法院，對法院是沒有約束力的。

所以，如果是打算購買有頂加的房子，一定要向屋主確認有沒有被舉報或是接過拆除通知，可以問清楚以下問題：

1. 是否和鄰居有過糾紛？
2. 是否有被舉報而接過拆除通知？
3. 有沒有「約定專用」（或稱分管約定或分管協議）的全戶同意書？

如果有約定專用的全戶同意書是最理想的，但通常實務上很少見到，說實話也不容易執行；因為房子總是有可能易主，樓下新搬來的住戶，不一定能夠認同、或被說服簽下同意書。其實試想，如果自己是頂樓住戶，樓下一有新鄰居搬來，就追著人家簽約定專用同意書，這會不會有點「此地無銀三百兩」，反而讓鄰居覺得可疑、有抓到你把柄的感覺？我不知道。要是我，恐怕就不會這麼做。

　　所以，只能用除去法。也就是說，如果頂樓住戶曾經因為加蓋違建和鄰居有過糾紛，或是曾經接過拆除通知的，那最好是避免買入。以免多花了錢買頂加，最後還要自己花錢拆除（違建拆除費用是屋主要自付），賠了夫人又折兵，產生雙重損失。

　　前面我們說過，在行政執行及在法律層面上，對頂樓加蓋的處理方式是不同調的。如果曾經取得約定專用全戶同意書的頂樓加蓋，是不是在新鄰居到法院起訴、請求返還權利時，就不會被拆除呢？這還是要看頂加的構造和設計而定。

　　法院通常會認為，頂樓平台是用來作為火災避難場所，如果加蓋的違建物，會妨礙到避難的空間，影響逃生的通暢，或形成通行的阻礙，就算頂樓屋主手上有分管約定，被法院判決拆除的機率還是很高。

手法2》只取對成交有利物件
做出不實成交行情表

　　C家老太太委託賣房時，房仲拿出同一條街道的成交行情表，以一間 2017 年的頂樓加蓋成交紀錄說：「這是最近這條街成交頂樓加蓋的房子，我一定會賣超出這個價格，會是歷史新高價，您放心好了！」這話說得很漂亮、聽起來沒有什麼錯，但其中大有玄機：

　　◎玄機 1：這間房子坐落的街道，很巧地位在台北市精華區幾條知名道路之間，以長度規模來看，在台北市通常只會被劃分為一條巷道。

　　想當然耳，因為位在這條街上的房子不多，樣本數也少，房

仲為了壓你的賣價，很理所當然地拿出「這條街」、「最近」一次的成交紀錄，但那距離 C 家賣房已是 4 年前的舊案了。有在關心房價的朋友都知道，台北市房價在 1 ～ 2 年之間的變動就很大了，更遑論是 4 ～ 5 年前？

◎**玄機 2**：這房仲只拿著實價登錄表，在老太太面前晃了一下，80 歲老太太眼力微弱，看不出所以然，只能用耳朵聽，聽到業務員說「保證創出歷史高價」、「前次成交的坪單價是 46 萬元」，根本不會再深究前一次成交到底是何年何月，也就覺得 1 坪賣到 50 萬元是很不錯的。

我實在要說，這個房仲很沒有良心，因為這條街道太小了，如果他真心要拿出附近的成交紀錄，應該把房子方圓至少 300 ～ 500 公尺以內的範圍、過去 2 年以內成交的房子都列出來才是（例如號稱房仲第一品牌且員工都有基本底薪的某公司，就是給方圓 500 公尺內所有成交的案件）。

C 家絕對不是個案，我遇過很多次，房仲公司跟你說的實價

登錄成交行情，就是會和你自己查的不一樣！

不能只看房仲給的行情表，務必親自動手查

不肖業者會刻意調動給客戶看的價格，尤其是那種放在個別案件下方的「成交行情說明」，通常是再製過的資料。這些業務員會只選擇對自己有利的案件來介紹；比如說，對要賣房子的委託人，只給你看成交價格比較低的那幾間，然後算出平均成交價，想說服你賣低一點；如果你是買方，只讓你看成交價格比較高的那幾間，說服你出高價。

也就是說，房仲業者會刻意掩蓋那些價格比較不利於成交的物件。他們只要漏列個兩間，就會和你自己查的資料長相完全不一樣。不要說是 C 父、C 母那種 80、90 歲的老人家了，就連資訊來源充足、勤於做功課的一般年輕買房族，也經常被糊弄。

我說個身旁朋友的經歷，我這朋友今年剛好 40 歲，2021

年 6 月，她看中一間台北市大安區通化街 7 樓華廈的 5 樓，出斡旋沒多久，房仲業務就約雙方出來見面協商價格。

這家房仲約談價格都是用「兩個小房間」策略，也就是兩面手法，不會告訴你另一方真正的想法。然後一邊拉、一邊砍，最後最重要的是挪出自己的仲介費。

我朋友一個人去，被關在協商室裡打電話給我，說房仲一直要抬她價，她不肯，卻形同被軟禁。

我告訴她，千萬不要再加價，因為對方都已經在現場了，代表你的價格有打中對方的底價，一定會成交；再往上加的價，通常只是讓房仲多賺佣金而已（果然最後的成交價只比她的出價高出 25 萬元，約總價的 1.03%）。

我問她，同一棟華廈有沒有成交紀錄？她說有啊，房仲業務說 7 樓頂樓 1 坪成交 78 萬元。我說，頂樓是有加蓋的，所以 6 樓以下的物件當然不能跟頂樓價格比；另外仲介也說，3

年前在 6 樓有成交一間，每坪單價 69 萬元，剛好是她的出價，房仲依此要求她再加些價格，說台北市房子這 3 年的漲幅很大之類的。

　　她掛了電話後，我不太放心，馬上放下手邊的事幫她上網查。這房仲所謂 3 年前成交每坪 69 萬元的房子，在實價登錄資料上有註記是「特殊交易——包含增建或未登記建物」；也就是說，這個價格隱含了其他沒有列入權狀坪數的使用面積。房仲可能看她人已經在現場被糾纏著加價，無暇去細看這些，所以刻意隱匿了這個資訊。

　　像我自己看房子，我絕對不會聽店頭房仲業務員口頭說的附近成交行情，一定會全部自己動手查，而且就算再忙，也要事先查，查詢後列印下來放在手邊；絕對不能到了談價現場，才看房仲業務員給的資料。

　　如果讀者跟我一樣做，一定也會發現很奇怪，你查的實價登錄結果，就是跟房仲給你的長得不一樣。

善用「實價登錄」、「好時價」網站估價

　　至於查實價登錄資料有什麼訣竅？先到「內政部不動產交易實價查詢服務網」。在網路上很多查詢的教學步驟，其實就是輸入一些條件進行查詢，使用上並不難，但有幾個提醒：

　　1. 這個網頁因為提供的條件選擇設定及資訊量太多了，所以白天時跑的速度非常慢，使用時要多一點耐心，或是等晚上夜深人靜時再使用。如果只是想查找特定物件的成交價格，用「簡易查詢」就可以，因為一動到「地圖」功能就要等到天荒地老。

　　2. 如果你明明知道某間房子已經成交了，但怎麼找都找不到，別訝異，因為實價登錄系統有很多沒有告訴你的事。比如說，它會篩掉上下各 5% 的異常值，或是主管機關會抽查一些個案，被抽查到的案子，資料就不會這麼快被放上去。

　　如果你覺得用實價登錄網站查詢附近成交行情很麻煩或複

雜，想很快得知一間房子的參考價，我建議可以到「好時價House+」（www.houseplus.tw）公益平台。這是由台大教授張金鶚，帶領一群由財金、金融、地政、資訊等專業人士建置的，提供一個完全免費的線上估價系統，讓大家可以快速得到房屋的參考價格。我自己試算過幾間手上買賣過的房子，覺得這系統非常好用，不但容易上手，估出來的價格也很符合真實，建議大家可以多多利用。

第3課

手法3》假斡旋、眞探價
只爲了再砍價

　　我有個朋友是某家上櫃科技公司的財務長,她先生是一家小企業的負責人,雖然夫妻倆在各自的事業領域都非常專業傑出,也已經到了快要退休的年紀,但是對買賣房屋卻沒有什麼經驗。

　　有次聊天時,她先生問我:「我們跟房仲簽委賣房子的契約到底有什麼內容?是不是對方有出斡旋金我們就得賣房?但是對方出價很低耶⋯⋯。」

　　我聽了這句話差點沒昏倒,說這話的可是有 20 多個員工的小企業老闆,至少行走江湖 30 年,商業交易經驗已是十分充

足；但和房仲打交道的經驗，顯然還是小學生的程度。

我寫這段對話當然不是為了嘲笑他，這老闆是我很尊敬的朋友，我要強調的是，一般人在一生中買賣房屋的次數不會太多，與房仲業的往來，絕大多數都是經驗不足、一知半解！

斡旋金是買方表達議價意願的保證金

說到「斡旋金」，斡旋就是協商溝通的意思，在買賣房子時，就是指「買方的議價保證金」。當你看到喜歡的物件想談價格時，仲介業者經常催促你「下斡旋」來表示誠意，也就是拿出一筆保證金，讓仲介業者可以去幫你跟賣方喬價格（殺價）。

物件在千萬元以內時，斡旋金大約在 5 萬～ 10 萬元就可以了；如果真的很喜歡那個物件，也有買方會用高到總價 2%、3% 的斡旋價格，來表達想談價的高度意願。

不過，對賣方來說，「斡旋金」就是房仲業者非常好用的殺

價工具。很多賣方因為對房仲手段不了解，通常會中了這個圈套。我自己年輕時，第 1 次委託房仲賣房子，就遇到一個深刻難忘的經驗。

我的第一間房是位於台北市信義區兩房一廳的 2 樓公寓。約莫是 2006 年的時候，我打算賣掉換房，就跟房仲簽約託售。簽約 2 天後就是週末，房仲大概帶了 3 組客人來看房。星期天傍晚，我就接到房仲業務的電話，說有買家下了 10 萬元斡旋金，他想在半個小時後到我家來談談。

當時的我也沒有什麼和房仲交手的經驗，接電話後我在內心不斷讚許他們賣房的效率真快！遂答應他來家裡（但是現在的我不會讓房仲進到家裡，且不管是買或賣房子，簽約前我都聲明，發生再大的事都不要打電話給我，用通訊軟體留言就好，避免房仲慣用的疲勞轟炸攻勢。如果做不到，那就不簽約，我會另請高明）。

這個房仲小哥進到我家後，先是小心翼翼地坐在沙發上，說

沒幾句話，馬上就打開手提袋，撈出兩大疊現金，估計就是他口中所說的 10 萬元斡旋金。

桌上的現金很誘人，尤其是對總價不到 600 萬元的房子來說。但這個業務的表情，讓我有種說不出哪裡怪怪的感覺，因為他從坐下開始，一直到拿出現金整個動作都很僵硬，且豆大的汗珠從他額頭一直冒出，那汗多到我已經找了面紙盒遞到他面前。

明明是 12 月的寒冷天氣，我家裡沒有開暖氣，他身上穿的西裝應該也不至於是喀什米爾的羊毛，足以讓他熱成這樣，我心裡好生奇怪：他是不是很緊張？

他拿出 10 萬元後，就談到買方的出價了，是一個低於市場行情大概 2 成的價格。接著這個房仲業務就開始一連串地說，這買家很有誠意要買房啦，真的是喜歡你們的房子，不然不會這麼快就拿現金斡旋啦，對方也是年輕人預算不夠多，就當作幫助年輕人啦……。用這招「苦肉計」打算動之以情，不外乎

是想套問我的底價，看我最多可以降價多少？

　　因為他開出的價格和我的期待有很大的落差，我雖然沒有想用多高的價格賣出，但是那樣開價低於行情價太多，實在不合理，因此我堅持沒有鬆口降價。當時的我，雖然不算老練，但也是當了記者近 10 年，各種手段也見識過不少，所以我只請他回去讓買方加價。

房仲執行斡旋時，必須有「買賣斡旋契約書」

　　好不容易「送客」了，我自己靜下來梳理整個經過，覺得有幾個奇怪的點：第 1，週末來看房的 3 組客人裡面，我來來回回地想，實在感覺不出來哪一組買家有表達出這麼喜歡這房子，到馬上會出斡旋金的地步。

　　第 2，這個菜鳥業務除了拿出大把的現金之外，我沒有見到任何其他的文件（當時同樣是賣屋菜鳥的我，還不知道應該要有「買賣斡旋契約書」這個東西，就是一般說的「斡旋單」，

上面可以看到買方的姓名、出價，及斡旋有效期限）。所以對於這個買方到底是不是存在，我真的很懷疑。

我立馬打電話跟朋友打聽，才知道一般房仲業務根本不會捧著大把的現金到屋主前面斡旋！所以我差點被耍了。

我推論，這菜鳥業務員也剛入行，一定是帶著他的「學長」評估我年紀不大、應該沒有太多賣房經驗，所以在學長要求下，菜鳥被迫拿我當練習，對我實行「壓價十八招」的其中一招。因為菜鳥業務員也很生疏，且違背他心志，所以整體進行得不太流暢，尤其是緊張到豆大的汗珠直流，引起我的懷疑。

加上這菜鳥業務員眼前的我，雖然是第 1 次賣房，但在工作上已應付過不少採訪對象，所以這菜鳥業務員未達成任務即無功而返。我甚至猜想，這個 10 萬元現金是他拿出自己的積蓄、或是店長暫時借他，用來虛晃一招的。

說到這個，房仲業務流行師徒制，剛加入的菜鳥都會分組，

資深業務員即會傳授招數。在 C 家案例中，房仲阿傑同樣也運用了「買方已出斡旋金」、實則砍價的橋段。阿傑口頭上稱，對方出斡旋金的買價已達到 C 家想賣的底價，卻沒給 C 母看斡旋單，就跟 C 家約定簽買賣契約的時間，直到簽約前 2 天才跟 C 家說：買方出價其實還差 10 萬元，要 C 家不要計較，要求再降 10 萬元。據 C 說，房仲阿傑的母親也是房仲，可說是「家學淵源」，不只在公司裡學，家裡還有「家教」，所以耍弄這些招數時相當流暢，也完全沒有任何道德障礙。

　同樣的，如果你想買房，黑心仲介也經常用別組客戶已經出價的假斡旋來拱價。比如說，你看了一間房子很喜歡，在考慮出價 1,200 萬元斡旋時，房仲業務可能會說，昨天有另一個同事剛好收斡旋，出價就是比你高 50 萬元、80 萬元的，用這個手法拉你的價格，誘騙你出更高價。

用「要約書」談價風險低，但實務上仍慣用斡旋單

　其實，想委請房仲業務幫你談價格，並不需要真的拿錢出

來。參考內政部「不動產委託銷售契約書範本」的附件二「要約書範本」，買方只需要在要約書上表明願意出價總金額，再交由房仲那頭去向屋主進行議價就可以了，以避免現金被挪占的糾紛（斡旋單和要約書差異詳見表 1）。

要約書上，比較重要的內容包括：願意承購的總價格、委託斡旋期限、付款方式及其他附帶條件、違約罰則約定、正式簽立房地產買賣契約書之期限等。如果屋主在要約書上簽名確認出售，同樣具有法律效力，需要的讀者可以在行政院內政部的網頁上找到範本。

不過在市場現行方式上，房仲還是會希望買方事先交付一筆斡旋金，來代表買方的誠意。有些房產投資客也喜歡用高斡旋金的方式，來表達想買的決心。不過房仲業並不會把斡旋金提現、捧去給屋主看，現金會由房仲公司暫時代為保管，業務員只會拿「買賣斡旋契約書」給賣方看並進行議價，裡面會包含支票影本，或收款紀錄及保管條號碼（上面可看到買方已付出多少斡旋金）。

若斡旋成功，屋主會在斡旋單上面簽字確認願意出售，這筆斡旋金就會轉變成法律上的「定金」。注意，不是「訂金」喔，定金是法律上的擔保方式，表示已經確「定」或言「定」之意，買方若違約的話，是無權要求退回的；賣方若違約，則要雙倍返還——也就是除了返還定金，另外還要再付給買方同樣金額的錢。若最終斡旋不成功，則業者會將斡旋金全額、無條件、無息返還給買方。

為什麼內政部頒布的範本，是以要約書進行，要買方不用真正拿出現金來斡旋呢？應是為了防止現金被不肖人士覬覦。

據一位曾經擔任房產仲介的網紅「百萬 XX 教練」，他就以自己當房仲時的所見所聞提醒，「真的有不肖房仲會私吞掉你的斡旋金！」

他說，過去有些買方出價斡旋後，可能因為種種因素後悔不想買了，也沒多想、就直接打電話通知仲介，仲介卻說，不好意思，屋主已經收斡旋金當作定金了，你現在如果不買、屋主

同樣是表達承購意願，要約書不需預付金
表1 買賣斡旋契約書和要約書差異

項目	買賣斡旋契約書	要約書
目的	委請房仲去向賣方議價，用現金表達買方承購的誠意	在要約書上寫上欲承購價格，以表達買方的承購意願（但實務上要約書因為看不到錢，一般認為成功率較低）
預付金	10萬元到數十萬元，或是買方出價總額的1%～3%，也就是斡旋金	不需要預付金
時效	通常3～7天	可自訂
議價成功情況	斡旋金將直接轉為購屋「定金」	買賣雙方依要約書之約定簽約，簽約同時買方需支付定金
議價失敗情況	斡旋金將退回給買方	要約書契約立即失效
議價成功但違約情況	買方違約，賣方有權沒收定金；賣方違約，需加倍返還定金給買方	違約的一方，需賠償違約金（買賣總價款3%）給對方

只好沒收你的斡旋金;但真相是,屋主根本還沒有準備好要用這個價格賣,黑心仲介利用你反悔的機會,私吞你的斡旋金。

他強調,尤其是「資深的、非直營仲介」(因為直營店仲介比較會受到總公司的約束)最容易耍詐,反正屋主也不知道買方是退斡(註1)了還是沒有,買方也不知道怎麼聯絡賣方確認,所以某些黑心業務員就能輕鬆中飽私囊。

這個「百萬 XX 教練」建議大家,如果你出價斡旋之後又想要反悔,在聯繫房仲業務員時千萬不要馬上說你要取消,一定要先問仲介目前斡旋的狀況怎樣?如果仲介回覆屋主還在考慮之類的,你才可以表達退斡的意思,以避免仲介利用資訊的不對稱,來騙取你的斡旋金。

註1:「退斡」為房仲業慣用語,買方出價斡旋後,在賣方尚未於買賣斡旋契約書簽名答應出售前,買方都有機會反悔,退回斡旋金。

第4課
手法4》要求放棄契約審閱期
罔顧買賣方猶豫權利

在正式進入這篇文章之前，先幫讀者釐清兩種契約的不同：一個是屋主委託房仲業者賣房時簽訂的「委託銷售契約」，我們暫先稱 A 契約；另一個是買賣雙方談定價格之後簽的「不動產買賣交易契約」，我們暫稱 B 契約。依照內政部的公告規定，這兩項契約都享有「契約審閱權」，前者至少 3 天，後者至少 5 天。

不過要非常注意的是，內政部的規定，是指一般消費者與「企業經營者」簽約的情況下，才享有契約審閱期。就 A 契約而言，你簽約的對象都是房仲公司，所以一定享有審閱權。就 B 契約而言，只有你向「企業經營者」，比如說建商或投資

客買房子，才能享有 5 天的契約審閱權，若你是向一般自然人買進中古屋的話，一旦契約簽訂之後，就不能再反悔，是沒有 5 天審閱權的。

有些讀者會搞混這兩種契約，因為有些房仲業者會說，A 契約不享有審閱權，或是 B 契約不享有審閱權，甚至在定型化契約（註 1）裡就直接寫明放棄契約審閱期，這些都是不對的。

契約審閱權的法源來自《消費者保護法》第 11 條之 1，規定企業經營者與消費者訂立定型化契約前，應有 30 日以內之合理期間，供消費者審閱全部條款內容。主管機關依據此法，針對不同行業，分別公告定型化契約之審閱期間。

不動產相關行業的主管機關是內政部，內政部曾針對不動產相關行業公告契約審閱期天數。表 1 是取自台北市政府地政

註1：定型化契約是指企業經營者為與多數消費者訂立同類契約之用，所提出預先擬定之契約條款；也就是像工廠流水線生產，統一印製出來的制式契約。

局的資料，可清楚看到不動產租賃、委託仲介，或買賣交易的各項契約審閱天數，讀者可以依照自己的狀況，了解應有的審閱期權益。

與房仲簽訂「委託銷售契約」，審閱期最少3天

我們先來說 A 契約，也就是與房仲業者簽訂的委託銷售契約的審閱權來源。內政部依據《消費者保護法》，公告「不動產委託銷售定型化契約應記載及不得記載事項」，在一開始之應記載事項第 1 條就明文規定，「契約審閱期間本定型化契約及其附件之審閱期間（不得少於 3 日），違反前項規定者，該條款不構成契約內容。」

所以依照主管機關規定，房仲經紀商在接受房屋所有權人委託辦理出售時，須先提供不動產委託銷售契約書範本供消費者審閱 3 天以上。

就我個人經驗來說，比較負責任或按照規距來的房仲業務會

表1 不動產相關契約審閱天數多在3～5天

不動產相關契約至少之審閱天數

契約書範本		應記載（約定）及不得記載（約定）事項	
範本名稱	審閱期天數	應記載（約定）及不得記載（約定）事項名稱	審閱期天數
預售屋買賣契約書	5天	預售屋買賣定型化契約應記載及不得記載事項	5天
預售停車位買賣契約書	5天	預售停車位買賣定型化契約應記載及不得記載事項	5天
不動產委託銷售契約書	3天	不動產委託銷售定型化契約應記載及不得記載事項	3天
成屋買賣契約書	5天	成屋買賣定型化契約應記載及不得記載事項	5天
房屋委託租賃契約書	3天	無應記載	—
住宅轉租契約書	3天	住宅轉租定型化契約應記載及不得記載事項	3天
住宅租賃契約書範本	3天	住宅租賃定型化契約應記載及不得記載事項	3天
		住宅租賃契約應約定及不得約定事項	無審閱期
住宅包租契約書範本	無審閱期	住宅包租契約應約定及不得約定事項	無審閱期
租賃住宅委託管理契約書範本	3天	租賃住宅委託管理應記載及不得記載事項	3天

註：此處審閱期天數指一般消費者與「企業經營者」簽約的情況下
資料來源：台北市政府地政局

有 2 種做法：

1. 事先把定型化契約範本送到你手上，並請你簽收收據，讓你可以確實執行事先審閱。

2. 把簽約日往後押 3 天，這 3 天期間就代表你可以詳讀契約的期間。

但是實務上，我遇過的房仲業務當中，能夠確實做到這兩個動作的人大概不到一半。大多數的房仲業者為了方便且符合法規需求，會在定型化契約內印製「本契約已確實行使契約審閱期，並充分了解契約內容。」「本人已攜回契約審閱至少 3 日以上，充分了解契約內容無誤」等文字，然後在把契約交給消費者的同時，就要求消費者簽名畫押，表示已經有按照規定，讓消費者執行 3 天的審閱期。但是這個動作，就能夠讓房仲業者撇清責任、高枕無憂嗎？恐怕不行。

行政院消保會曾就這個問題，在 2004 年做出一紙函文進行解釋指出，企業經營者以定型化契約的制式內容，履行審閱期

間的規定，如果雙方對於是否已提供合理審閱期間的事實有爭執時，企業經營者要負舉證責任。

也就是說，如果消費者表示：自己是當場簽約的，根本沒有把合約帶回家看 3 天，那麼舉證責任就落在房仲業者身上，房仲業者要負責提出證明！這個函釋內容對於保障消費者有很大的意義，因為法律人常說，「舉證之所在，敗訴之所在」。

所以我在這裡提醒大家，如果真的簽訂了什麼不平等的條款，先要衡量這個契約是不是損害自身的權益？若是，可先不履行契約，然後向「行政院消保會」或是各縣市政府「消費者服務中心」進行申訴，主管機關會要求這些房仲業者與消費者協商；千萬不要認為契約已經簽訂就一定要履行，讓自己陷入更難挽救的困境。

個人對個人的不動產買賣交易契約沒有審閱期

再來，我們談談不動產買賣交易契約，這裡簡稱 B 契約。依

照內政部公告及台北市政府地政局整理的表，大家很容易誤解簽訂不動產買賣交易契約統統有 5 天以上的審閱期，這是不對的！如果你是跟私人買房子，通常是中古屋，只要賣房子給你的人不是投資客，就沒有契約審閱權。這一點非常重要，因為在 C 家事件裡頭，只差幾個小時，C 家就要跟買方簽約了，而一旦簽了不動產買賣交易契約，C 家就不能反悔。所以，我們把 B 契約分為兩種情況討論：

情況1》賣屋對象是企業經營者或投資客，享5日審閱期

審閱期的法源、即《消費者保護法》第 11 條之 1（詳見不動產相關法規），2 項條文的主詞都是「企業經營者」，就是為了保障一般大眾與企業經營者簽約時審閱的權利，主要是擔心一般人面對大公司或大集團、或是專業的房地產買賣營生者，可能有思慮不周的情況。

所謂「營業」，是指「具有經常性、反覆性及繼續性之經濟活動」，就符合《消費者保護法》「企業經營者」之定義，建商當然屬之。而「投資客」雖然不是建商，卻以投資獲利為目

不動產相關法規

《消費者保護法》第 11 條之 1

1. 企業經營者與消費者訂立定型化契約前，應有三十日以內之合理期間，供消費者審閱全部條款內容。
2. 企業經營者以定型化契約條款使消費者拋棄前項權利者，無效。

的買賣不動產，如果他具備「經常性、反覆性及繼續性」，也會被認定為「以經銷商品為營業」的企業經營者。

　　內政部依《消費者保護法》訂立的「成屋買賣定型化契約應記載及不得記載事項」規定，訂約前應給予消費者 5 日以上審閱期；無論是建商還是投資客，只要符合「企業經營者」的定義，而出售的對象又是一般消費者的話，不管賣出的是預售屋、新成屋或是中古屋，買賣契約書都要給予 5 天審閱期。如果這些企業經營者提供的契約中，有違背內政部公告的定型化契約應記載及不得記載的事項，買方可以主張該條款無效。

情況2》向一般自然人買房,成屋買賣契約無審閱權問題

因為《消費者保護法》的內容,僅限於賣方是「企業經營者」,主要對象是建商,或可以擴大解釋對方是「房屋投資客」。所以,若你買房時的交易對象是一般自然人,他只是單純處理名下資產的行為,並不是營業行為,只屬於個人和個人的不動產買賣交易契約,雙方的買賣契約就不適用於《消費者保護法》規定,不享有這個契約審閱權,或稱「買賣猶豫期」的權利!

在這情況下,只要沒有發生強迫或違反意願簽約情事,基本上就沒有審閱期的法律問題。在個人與個人簽訂買賣契約時,即使中間有仲介的角色,但仲介人員只是居中協調,在買賣契約中只算是見證人,所以契約一旦簽訂後,買方或賣方若反悔,須負擔違約金及損害賠償責任。

違約金通常是買方支付的第 1 次簽約款,依市場常俗,簽約款是房屋總價金的 1 成。假設房價談定是 1,500 萬元,第 1 次簽約款就是 150 萬元,買方萬一反悔,就拿不回這筆簽約

款；而賣方如果反悔，則是除了返還這 150 萬元，還要另外再付給買方 150 萬元。當然，如果有特殊的違約理由，這違約金是可以雙方協調商議的。

在實務上，有些比較細心的房仲公司，為了確保交易順暢（賣方急著拿到錢、買方急著過戶交屋趕裝修、房仲業務急著拿到獎金），在買賣雙方準備簽約之前（通常是買方出的斡旋價很接近賣方價格時），就會先提供「房屋現況說明書」給買方看，讓買方先確認房屋的現況並簽名，然後寫明「買賣雙方已詳細審閱不動產說明書內容及附件資料」，這樣可以節省後續簽約程序中所花的時間。

到了簽約當下，房仲公司或其合作的代書，會告知買賣雙方，因為是個人對個人的契約，因此不享有契約審閱期的權利；有的房仲公司還會在簽約時錄音下來並留存，以證明雙方意願，避免日後有一方反悔要打官司時，可以作為「呈堂證供」。這是比較謹慎的房仲公司會做的保全措施。

手法5》在定型化契約中
要求給付最高仲介費率

這一課我們要來討論，仲介服務費（以下簡稱仲介費）到底應該給多少趴？在 C 家的案子，房仲公司毫不手軟地，向老人家索價 4% 仲介費的違約金，我實在要說，真的有夠凶狠。

不論是業內業外，了解仲介業行情的人都知道，只有股票上櫃的信義房屋是「買一賣四」，一定要收足賣方 4% 佣金。

這是信義房屋公司的內部政策，因為他們公司業務員只要新進公司就有底薪，福利待遇完善，有團險、機車第三責任險，身體和心理（對，你沒看錯是心理）健康檢查，任職滿 1 年後生育之第 2 名以上子女，每名提供 12 萬元獎勵金，分 12

個月領取，真的很優渥吧？所以公司付出一定的成本在培養業務員、及業務員的教育訓練和福利，和後端的客戶服務；也就是說，他們公司整體的成本是高於其他房仲公司的。

信義房屋付出高成本、要求高仲介費的做法到底對或不對、好或不好？我在這裡不評論。但現實的情況，就是信義房屋的仲介費能打折的機率，是比其他同業來得低的；而除了信義房屋之外，其他房仲公司的賣方仲介費都是可以談的，尤其是非直營店，也就是加盟店，通常仲介費的彈性更大。

仲介費普遍為買方付1%～2%，賣方付2%～4%

在房仲市場裡，普遍以「買方付 1% ～ 2%，賣方付 2% ～ 4%」的規則收費。一般來說，在購屋總價比較低的縣市，仲介費率會比較高；而房價高的雙北市稍微可以談低一點或去尾數，尤其是房仲競爭激烈的地區，一般會有仲介費「買一賣二」，也就是買方給 1%，賣方給 2% 的機會。在我委託房屋仲介公司賣房經驗裡，曾因為雙方出價差距很小，最後房仲業

務願意退讓，最後我只付大約 1.5% 的仲介費。

　　很多房仲公司委託銷售的定型化契約裡，都是白紙黑字寫明「買方給付仲介費用為總價金的 2%，賣方 4%」。也就是說，只要你事先沒有問、沒有要求修改仲介費率，或是看起來沒有太多經驗的賣方，像是 C 的老母親，就很有可能會被要求給足 4%。

　　我想很多房仲業務員會對客戶說：這是內政部同意我們收取的趴數啊！是嗎？我們就好好來看看這個法規。

　　依照內政部在 2000 年所發布的「不動產仲介經紀業報酬計收標準規定」（詳見不動產相關法規），第 1 條便清楚表示，房仲業者「不得」收取超過成交價 6% 的仲介費；也就是說，房屋仲介業者向買賣雙方收取報酬總額合計上限是 6%。

　　既然是最高上限，我個人就不明白，房屋仲介公司為什麼要在印製好的定型化契約裡，印了「買方 2%，賣方 4%」（合

不動產相關法規

「不動產仲介經紀業報酬計收標準規定」

一、不動產經紀業或經紀人員經營仲介業務者，其向買賣或租賃之一方或雙方收取報酬之總額合計不得超過該不動產實際成交價金百分之六或一個半月之租金。

二、前述報酬標準為收費之最高上限，並非主管機關規定之固定收費比率，經紀業或經紀人員仍應本於自由市場公平競爭原則個別訂定明確之收費標準，且不得有聯合壟斷、欺罔或顯失公平之行為。

三、本項報酬標準應提供仲介服務之項目，不得少於內政部頒「不動產說明書應記載事項」所訂之範圍，不包括「租賃」案件。

四、經紀業或經紀人員應將所欲收取報酬標準及買賣或租賃一方或雙方之比率，記載於房地產委託銷售契約書、要約書，或租賃委託契約書、要約書，俾使買賣或租賃雙方事先充分了解。

計 6％）。這樣的行為，讓人覺得是要來騙外行人的，只要你不懂、不知道，就很可能被要了最高趴數的仲介費！

尤其是「不動產仲介經紀業報酬計收標準規定」同條法規的第 2 條就寫明：前述報酬標準為收費之最高上限，並非主管機關規定之「固定收費比率」，也言明經紀業應本於自由市場公平競爭原則「個別訂定明確之收費標準」，也就是鼓勵各家業者可以在價格上自由競爭。不同業者不可以用同一費率聯合壟斷或欺騙消費者，或是同一家業者對不同消費者有不同費率、顯失公平情況。如果以這個規定來檢視目前仲介業行為，我想有半數以上業者都不合格。

應於契約中明定「仲介費視成交價格彈性調整」

所以你在跟房仲業者簽合約的時候，千萬要記得，事先講好或是寫明你要給付的仲介費比率是可彈性調整的。可以直接要求在合約中寫下你希望支付的仲介費趴數區間，或是「仲介費視成交價格彈性調整」這幾個字。

　　再來，我覺得還應該進一步討論的是，房仲拿的仲介費絕對金額如此高，到底與他們付出的服務是否等值？在房價節節高漲、薪資卻凍漲情況下，撮合一間總價 2,000 萬元房子，就可以拿到 6%、120 萬元佣金，相當於一個大型企業中階主管的年薪，這到底合不合理？他們付出的勞務有多少，是不是與酬金對等？我個人是打一個大問號。

　　假設一間房平均帶看 50 次可以成交（在房市正熱的這幾年，都會型案件是遠遠少於這個數字）。其中，房仲店租等人事成本占一半好了，等於業務員跑一次帶看房子就價值 1 萬 2,000 元（＝ 60 萬元／ 50 次），這會不會太超過？

　　在這裡，呼籲主管機關應該好好管一管，包括「不動產仲介經紀業報酬計收標準」恐怕也需要檢討一下，不應成為仲介理直氣壯收取高額佣金的理由。有錢能使鬼推磨，高額佣金很可能就是良心房仲轉為黑心房仲的誘因！

　　如果你賣房子堅持不給到 4%，一定會遇到老房仲業務跟你

說：「唉呀，你不給我們賺這個 4%，你的房子會比較難賣喔，因為大家會選獎金高的房子去賣啊！」

這乍聽之下好像不無道理，但大家仔細想想，如果房子的條件還行，以現在台灣年輕人喜歡打拼賺錢的情懷，年輕的房仲業務沒有不幫你賣、不多去試試看的道理，所以終歸還是依房子的條件而定，只要條件不會太差，就不怕沒人幫你賣。所以千萬別被老鳥房仲業務給唬了。

而「羊毛出在羊身上」，我經常在想，房仲佣金也是台灣房價一直上漲的「推手」之一，因為每次房屋交易都要加上 4%～6%（買方＋賣方）的經理人費用，價格當然一路被墊高；房價居高不下、國內房仲業務的亂象，仲介費趴數這麼高也是要負些責任的。

可能有人會說，在美國房地產交易中，賣方也是要付 6% 仲介費（在美國買房通常不用付佣金）這麼多啊！這個就得拿服務的內容來相比了。美國的房仲業務多是忠實可靠且服務到底

的，包括尋屋、帶看、談價、驗屋，最後包括申請貸款預先批准書，還要具備房地交易的法律知識，填寫一堆文件、確保整個交易過程受法律保障，流程是很複雜的。而且美國售屋的管道選擇很多，不限於仲介經紀商，你有能力付足 6%，就可以有一站式完整的服務享受，不像台灣一般民眾，一不小心就花錢找罪受。

第6課
手法6》誘導「契變」簽底價
不賣恐賠數十萬仲介費

　　房仲公司在受託賣房時，通常會開出一個廣告價，我們稱為「開價」。比如說，看房時，我們也會問：「這房子開價多少？」然後，賣家心裡會有個「可賣出價格」，我們通稱為「底價」。

　　我接觸過某家房仲業者，喜歡在簽約時，另外拿一張「委託事項變更契約書」，亦即所謂的「契變」，要你在上頭寫下底價。這類的事件當然容易引起糾紛。曾有房仲業務員以買方出價超過賣方底價為由，希望賣方答應出售，但賣方不肯賣，而被強索仲介服務費（以下簡稱仲介費）的情事。

　　例如，我曾看過一則新聞，一名男子投訴，他委託了某家房

仲業者賣房子，委託的賣價接近 1,000 萬元，當天又另外簽了「委託事項變更契約書」，當中訂出底價為 7XX 萬元。數月後，房仲業者告知，有買家以稍高於該底價的價格出價，該男子認為價格太低而不願出售，而後卻收到法院開出的支付命令，被要求支付約 3% 多的仲介費，將近 30 萬元。

由於在「委託銷售契約」當中會明訂，若買方出價達該底價就必須依約賣房，否則房仲公司就會索討相當於仲介費的違約金。賣方若主張被房仲誘導，則需要舉證，才有轉圜空間。

大家有沒有覺得有點恐怖？正規的房仲業務都是在買賣交易完成，也就是買賣雙方簽約當天，才會開單收取仲介費；但這個案例，是買方只要出價到（甚至接近）賣方的底價，就要跟你拿錢（仲介費）了！

這跟 C 家的案例有點像。買方出價到接近底價（但又比底價少 10 萬元，且這個底價也是房仲業務誘騙造成的），就開始索討仲介費；如果不賣，還是要賠 4% 違約金，這根本就是

強索仲介費啊！

房屋成交前，絕對不在白紙黑字上亮底價

前述這則新聞報導提醒我們的關鍵是什麼？一定要記住，**千萬不要白紙黑字把底價寫給房仲。**

想要杜絕這種陷阱，身為賣方的你，當你在簽下正式的委託銷售契約的同時，如果發現業務員叫你再簽一份「委託事項變更契約書」，你千千萬萬不要！這份「委託事項變更契約書」的意思，是你同意變更原來委售契約裡的房屋售價，只要買方出價達到「契變」裡的價格必須同意出售。

那麼，房仲業務員若不知道你的底價，會不會很難做事？會不會因此錯失賣屋良機？其實你還是可以口頭告知你心裡對價格的想法，但是**絕對絕對不要簽下變更委託價格的契約書。**

我這樣寫，有些房仲業務員一定會很生氣，認為我擋他們的

財路、製造他們的麻煩。但是我為什麼這麼主張呢？有 2 個理由：

1. 有特定的房仲公司會誘導賣方在簽約時畫押，另外寫明偏低的底價，提高房屋的成交機率。我個人認為，這樣的公司恐怕在訓練業務員時就鼓勵他們這麼做，所以我一直不喜歡與這些房仲公司往來。類似這樣的手法防不勝防，缺乏經驗的屋主一定要特別留心。

2. 賣方想賣的價格是會動態調整的。有可能是賣方一開始就沒有思慮清楚，而在賣房過程中，有時還要考慮金融市場大環境等等變化；所以在一開始就要決定底價、並畫押給房仲業務員，等於不留給自己彈性迴旋的空間，陷自身於不利。

從決定委託賣出房屋開始，一直到完成房屋交易，過程中白紙黑字簽下的所有契約都有法律效力，稍不留神就可能會讓你產生損失。因此，簽任何契約前一定要理解自己的權益，以免後悔莫及。

第7課
手法7》運用兩手策略打心理戰
從中抬高仲介費

　　根據我過去的經驗，有些房仲業務員會運用心理戰，假扮同業打電話騷擾房屋賣方，搖動屋主對賣價的信心，促使屋主進一步降價賣房。

　　例如 C 家的經典案例裡，C 父母就在簽下委託銷售契約後沒幾天，接到其他房仲公司的電話，表示手上有現成的客戶要買房，而買方的出價就正好是 C 家託售賣價的大約 8 折左右；這一招果然讓老父母心理有陰影，認為房子的價值的確很低，所以很快就進入約定簽約賣房的階段。

　　C 事後想起此事，高度懷疑這個打電話來的「同業」是不是

跟阿傑串聯的？甚至是阿傑自己找友人假冒是同業，打電話給 C 父母的，目的是打壓屋主對這個房子價格的信心。

說實話，一般人如果不是對房價變動非常關注，或對自己房子有很充足信心，通常會被房仲業者給「唬爛去」；C 父母如此高齡，不要說對房價動態沒有什麼掌握，更別說對自家的舊公寓有多大的信心了。

簽約前最後關頭，再向屋主殺一筆價

在 C 家的案例裡，阿傑還有另一招壓價法。阿傑原本對 C 母說，買方斡旋金的出價已經到價（賣方委託的價格），跟 C 母約好了與買方簽約的時間；但到了簽約前 3 天，阿傑突然又改口，「其實買方出價比您想賣的價格只少 10 萬元，唉呀，反正都要賣了，不差這 10 萬元啦！這樣沒有成交很可惜。」硬是要 C 家再降價 10 萬元。

阿傑利用賣方已經做了賣房心理準備，以總價 1,560 萬元

來說，10 萬元的差距算起來不到 0.7%，一般人遇到房仲這麼搞，通常會認為，「算了，既然已經要賣，就不計較這 10 萬元」。

但是，我用小人之心來推敲，阿傑這種在最後關頭再殺價一筆的招數，有很大可能是為自己提高佣金，臨門一腳再砍 10 萬元，根本是趁火打劫的行為，非常不應該，毫無誠信可言。

他只要每個案子多擠出 10 萬元來為自己的仲介服務費（以下簡稱仲介費）加值，長期累積下來，也是相當可觀的一筆錢；只要一年複製個 20 件好了，仲介費店東抽走一半，他留一半，等於個人年薪又多出百萬元！

帶買賣雙方到不同房間，一邊抬價一邊壓價

不管是你要買房出了斡旋金，或是要賣房得知有潛在買家，被房仲業務通知到房仲公司說要跟對方見面談談價格的消費者，一定都有被帶到兩個不同小房間的經驗。這是某些房仲業

務員擅長的兩面手法，一邊抬價、一邊壓價，推高自己佣金的「擠牙膏」手法。

　　我第 1 次被帶到小房間時覺得很奇怪，明明說好是要見面談價格，但為什麼和另一方只是匆匆打個照面，雙方就被業務分頭帶開？而且一開始房仲業務員對你也愛理不理的，人講幾句話就不見了，留下你一個人，好像是被迫關禁閉似的。

　　有過幾次去小房間的經驗，我就明白了，其實房仲業務會約雙方面談，代表價格已經非常接近，或是價格已完全符合，只差仲介費還沒著落而已。在不同空間談的用意，當然是不讓你知道對方的想法和底線，房仲業務員才有從中「假傳聖旨」的空間。

　　所以，如果你已經被房仲業務邀約談價，千萬要堅持自己的價格，或是千萬要要求房仲公司把仲介費攤開來談，大家一起討論給多少錢才合理。我堅持的方式是，不公開仲介費金額我就不賣（或不買），絕對不要傻傻地待在小房間被業務員壓價

（賣方）、抬價（買方）。

　　當然，房仲付出時間與心力撮合房屋成交，讓屋主用屬意的價格出售房屋，也讓買方用可以負擔的價格買到房，理應要獲得合理的服務報酬；但報酬的多寡應該要與服務勞務等值，也要讓買賣雙方甘願接受。仲介費透明，讓買方、賣方、房仲三方都能歡喜接受成交的結果，才會是美事一樁，也能為未來製造更多的合作機會。

第 8 課
手法8》趁人之危
低價承購再轉手牟利

　　不曉得讀者們看過 2021 年金馬獎最佳影片《瀑布》了嗎？這是一部在描繪母女情感上很深刻的電影。電影當中有一段劇情與房屋交易有關，我想很值得拿來討論。

　　有一幕是，由賈靜雯飾演的女主角，因罹患思覺失調症無法再工作，待在家裡煮飯時把廚房燒了，自己也因手燒傷而住院。由王淨飾演的女兒才高中三年級，因銀行一直催繳貸款、大樓管理員也每天追著她繳管理費，她被迫出面了解媽媽的財務狀況，於是決定賣掉母女倆自住的房子，好挪出生活費。

　　女兒對房地產交易當然是一張白紙，完全沒經驗，房仲業務

很快地幫她找到買家，談定用 3,200 萬元賣房。看到母女坐在房仲公司的小房間裡和買家見面，業務員準備讓雙方進行簽約的那一幕，所有觀眾的心情一定跟我一樣揪在一起，有種不祥的預感，不知道編劇要如何捉弄這對母女的命運。

房仲公司的胖經理走進小房間，露出牙齒邪門地微笑，更添詭譎。胖經理一副是進來賀成交的樣子，先堆起笑臉說：「今天真是個好日子，相信大家一定做了智慧的決定。」

他接著問買方：「大哥、大姊，請問你們買房是要自住嗎？」買方回答是買給小孩的。胖經理笑得眼睛瞇著一條線，說著：「真是好福氣啊！各位繼續繼續，我只是來沾沾喜氣的！」

在業務員準備請賈靜雯用印時，胖經理看了看資料，突然臉色一變。問買方：「陳大哥陳大嫂，相信你們這段時間看了不少房子，去年這個時候同棟 5 樓賣了一坪 92 萬元……，你們知道我為什麼記得這麼清楚嗎？因為那一間房子是我賣掉的……哈哈哈哈，」店經理自顧自地大笑起來。

笑畢，胖經理聲音一沉，「現在，只隔了 1 年，這間房子 1 坪賣你們 65 萬元，你們覺得合理嗎？」說完這句話，他轉頭問業務員：「小楊，你覺得合理嗎？」

業務員支支吾吾地回答，「因為之前有發生火災……所以房價就會變得低一點。」胖經理問賈靜雯母女，有人怎麼樣嗎？賈靜雯和王淨對望了一會兒，王淨回答，「我們都沒事。」

胖經理突然拿起契約書、丟到業務員小楊的頭上，大聲質問他：「你拿了買方多少錢？50 萬、還是 100 萬？」小楊被經理的動作嚇得驚魂未定，完全不敢回話。

店經理轉頭向賈靜雯母女倆說，「請問兩位，你們有去詢問過其他房仲、比較過價格嗎？」王淨回答，沒有。店經理說，「如果你們不貪心，4,200 萬元，我一定想盡辦法在這個星期內幫你們成交。」

在這段劇情裡，幸好有房仲店經理出面搭救，電影中的母女

倆才沒有落入房仲業務員的圈套、用低於行情多達千萬元的價格成交；觀眾們這也才鬆了口氣。

這間房子可以賣 3,200 萬元、也可能賣 4,200 萬元，價差有 1,000 萬元之多；對於一個生病後被迫離職，一個正準備考大學的這對母女來說，這是多麼大數字的錢啊？

或許有人說，這是電影情節、是虛構的，才會比較誇張啦！然而，在現實生活裡，房屋賣價差幾百萬元，本就是很常見的。同時，我也相信對 8 成以上的大眾來說，不要說 1,000 萬元，幾百萬元好了，都是很好用的一筆大錢啊！所以買賣房屋能不謹慎嗎？

決定委託賣房前，應向多家房仲諮詢

而這個電影橋段裡，我個人認為最關鍵最有價值的一句話就是，胖經理問：「請問你們有問過別家仲介、比較過價格嗎？」對於有售屋需求的屋主，在賣房子時，千萬不要只找了一家房

仲公司就做決定，一定要多向幾家房仲諮詢才好。

　　我後來看電影評論，有人說，《瀑布》這部電影特意幫這家房仲公司塑造了正面形象，這樣的解讀倒是見仁見智，畢竟「小楊」的角色也是很惡劣的。後來，我與熟識的房仲業務員閒聊，提到電影中的小楊為買方談到了那麼低的價格，也只是收了一點好處而已；但是在真實的世界裡，卻有部分不肖業務員，是會用人頭戶低價買下房子，再轉賣牟利，這種做法已經失去了身為居間介紹者的良知。

　　我只能祈求，台灣有愈來愈多良心房仲，而像電影裡面那樣趁人之危的黑心房仲，能夠銷聲匿跡。不管你是買方，還是賣方，都務必要睜大眼睛，切勿因為心急而做出錯誤的判斷。

Part 2

買房篇
揪出重大瑕疵

看完了賣屋者可能會遇到的各種壓價招數，那麼若是身為買屋者，又該提防哪些可能踩到的陷阱呢？

買成屋時最害怕的，無非就是買到有瑕疵的房子，但是在看房時往往只能看到表面，如果屋主不說、房仲也不知情，甚或房仲知情卻幫著隱匿，在「房屋現況說明書」當中又寫得不清不楚，等買方開始裝潢或入住後會欲哭無淚。因此身為買方，一定要多看幾次房、靠自己多做功課，雖然不能保證萬無一失，但至少能降低誤蹈陷阱的機會。

第⑨課
細看房屋現況說明書
留意瑕疵狀況

　　一般人認為的房屋重大瑕疵，不外乎：傾斜、龜裂、輻射屋、海砂屋、嚴重漏水等影響房屋結構安全，或是凶宅等等。這幾大項當然很重要，但我也是真正買賣過多次房屋後，才知道買來的房子裡，還可能隱藏著其他各種問題！

每家房仲公司要求揭露的房屋瑕疵項目不同

　　買中古屋若不是直接跟屋主買，就一定得透過房仲公司；由房仲公司經手的房屋，一定會有一份「房屋現況說明書」，讓有意買這間房的人，可以從中得知這間房屋的各種狀況。不過，每家房仲公司的房屋現況說明書揭露的項目不盡相同，我看過至少 8

家以上的版本，其中以房仲業兩大龍頭信義房屋和永慶房屋的項目條數最多，分別為 47 條及 49 條。

住商不動產也有多達 46 條項目，且區分為 7 大類，因為有分類，較為清楚，所以在這裡以住商不動產的房屋現況說明書為例，先讓想買房子的讀者，看看在你買房時必須注意的事項有多少！

7 類項目包括：基地使用現況、建物管理現況、水電瓦斯之供應現況、集合住宅或區分所有建物項目、建物瑕疵情形、其他重要事項，及（周邊）重要設施。以下提到的「標的物」就是指這間房屋；而加粗的文字是我個人加註的補充說明，這些部分是比較多人不清楚為什麼要揭露，而容易忽視的部分。

1.基地使用現況

①共有的基地有沒有分管協議（指對共有的部分之使用、管理是否有約定，例如法定空地是否約定由 1 樓專用）？

②基地上有無供公眾通行的私有道路（指道路現有巷道、人行

道及沿道路邊綠帶等）？

③有無界址糾紛情形？

④基地對外道路是否可通行？

⑤是否有出租或出借？

2.建物管理現況

⑥建物（主建物、附屬建物）是否為共有？

⑦建物是否占用他人土地？

⑧建物是否有被他人占用？

⑨電梯設備是否張貼有效合格認證標章？

⑩是否有右列消防設備（滅火器、室內消防栓、自動灑水、緊急廣播、瓦斯漏氣火警自動警報設備）？

⑪是否有右列障礙設施（無障礙通路、無障礙樓梯、升降設備、其他有無障礙標誌之設備）？

⑫是否有違建、改建、禁建、增建之情事（房屋是否有施作夾層？是否受主管機關查報列管？）？

→這點在頂樓有加蓋的房子須特別注意，確認是否曾被舉報而接過拆除通知，或被鄰居檢舉。

⑬所有權持有期間是否有居住？

⑭是否有出租或出借？

⑮是否設有營利事業登記？

⑯是否有積欠應繳之費用？

⑰目前作住宅使用之建物，是否位屬工業區或不得作住宅使用之商業區或其他分區？

⑱是否有獎勵容積之開放空間提供公共使用情形？

⑲使用執照是否有備註之注意事項？

3.水電瓦斯之供應現況

⑳本建物是否有水源供應（自來水供應是否正常）？

㉑本建物是否有電源供應（有無獨立電表）？

㉒本建物是否有瓦斯供應（使用天然瓦斯或桶裝瓦斯）？

㉓水管馬桶及各項排水設施是否可正常使用？

→這一點最好自己在看屋時仔細檢查。

㉔水電管線於產權持有期間是否更新？

→ 40 年以上老屋要特別重視這一點，如果老屋管線有更新的加分；否則必須多準備更換水電管線的預算。

㉕是否有公寓大廈管理組織？

→有無管理維護公司？管理方式是白天或夜班，或是 24 小時保全？

4.集合住宅或區分所有建物項目

㉖是否有住戶規約？是否有各項設施使用手冊？

㉗規約內是否有記載約定專用或約定共用之部分（如分管協議約定）？

㉘標的的使用專有部分是否有限制（如專有之騎樓須開放使用）？

㉙是否需繳交管理費？是否需繳交使用費（游泳池、健身房等）？

→如需繳交，應註明金額

㉚是否有社區公用基金（指起造人提列及住戶管理費累積之基金）？

㉛是否有所有權人尚未付費之公共設施重大修繕決議？

→例如社區即將更換電梯並決議由所有住戶分攤費用，但原屋主尚未繳交，在房屋過戶之後就會成為新屋主的責任，如有

這類費用，亦需事先談好該由哪方負擔。

5.建物瑕疵情形

㉜是否有施作過混凝土中水溶性氯離子含量（海砂屋）檢測？本標的之房屋鋼筋是否裸露？

㉝是否有施作過輻射檢測？若是，請檢附報告並說明原因。

㉞本建物是否有傾斜之情形？

㉟現況是否有滲漏水之情形？

㊱本標的是否曾有白蟻蟲害之情形？

㊲是否曾因火災及其他天然災害或人為破壞，造成建築物損害及其修繕情形？

㊳是否因地震被建管單位公告列為危險建築？若是，等級為黃標？紅標？

㊴本標的梁、柱部分是否有顯見間隙裂痕？如有，需說明位置、裂痕長度、間隙寬度。

→上述「建物瑕疵」這一大項，是買方最需特別、特別注意的！尤其若有做過海砂屋檢測及輻射檢測，都需要檢附報告，若有滲漏水、鋼筋裸露狀況，也需要說明所有出現位置。

6.其他重要事項

㊵本標的是否曾發生兇殺、自殺、一氧化碳中毒或其他非自然死亡之情形？

㊶是否為直轄市或縣市政府列管之山坡地住宅社區？

㊷是否已辦理地籍圖重測？

㊸是否有被公告徵收？

㊹本標的是否有依法設置之中繼幫浦機械式或水箱？若有，請敍明其所在樓層。

㊺本標的的樓頂平台是否有依法設置之行動電話基地台設施？

7.（周邊）重要設施

㊻重要環境設施（距離標的物約 300 公尺以內）——公私有市場、超級市場、學校、警察局、行政機關、體育場、寺廟、顯見之私人墳墓、加（氣）油站、瓦斯行、葬儀社、醫院、飛機場、台電變電所用地、地面高壓電塔（線）、殯儀館、公墓、火化場、骨灰（骸）存放設施、垃圾場（掩埋場、焚化場）。

→這條值得特別再談一下，不要以為這些只是雜項記載不重要，其實從寺廟之後，包括顯見之私人墳墓、加（氣）油站、

瓦斯行、葬儀社……等等，就是一般人認為的「嫌惡設施」。

什麼叫嫌惡設施？從字面上簡單說，也就是出現在房子周圍時、會讓人嫌棄的場所或設施。當然，不是說有這些場所就一定不好，畢竟人嘛，有吃喝拉撒、生老病死，都脫離不了這些場所，但出現在房屋現況說明書的目的，就是要求充分揭露資訊，讓買方自行評估嫌惡設施情況嚴不嚴重，家人能不能接受，以作為要不要買這間房子的綜合考量。這個我們之後另立一篇再來多談一點（詳見第 14 課）。

若與住商不動產的現況說明書相比，信義房屋要求揭露的項目多出以下重點：

①是否有捷運系統穿越本棟建物下方上方或預定計畫？

→有些買方較注重風水，有捷運、地鐵或有隧道在屋子下面流動，有老師說叫「穿心煞」，也有一說叫「抬轎屋」，恐不利屋主的投資財運或健康。

②是否知悉本棟建物有裝設行動電話基地台設備？

→有些買方認為容易造成電磁波偏高，會影響健康。

③本標的物委託前 6 個月內是否曾修繕滲漏水、壁癌？

→**在準備賣房子之前做裝潢，有兩種極端的可能，一種是負起責任整修房子，另一種則是有欲蓋彌章、刻意遮掩瑕疵的瓜田李下之嫌。**

④是否知悉標的物室內格局曾變更？

→**變更格局設計，尤其是廁房與浴室位置的更動，較易出現管線漏水的情形，如果遇到變更設計過的，一定要請水電師傅重新檢查水管電線的安排是否妥當。**

然而相較之下，在嫌惡設施這方面，信義房屋揭露的項目就比住商不動產少了很多，比如説房屋附近如果有寺廟、垃圾場、葬儀社、地面高壓電塔、墳墓等等，在信義房屋提供的房屋現況説明書裡是看不出來的。

永慶房屋的房屋現況説明書和信義房屋很像，洋洋灑灑列出 1 到 49 條，沒有分類；同時，永慶房屋也沒有要求賣方勾選房屋方圓 300 公尺內的嫌惡設施狀況。不過，在永慶房屋提供的房

屋現況說明書中，比較特別的是，會註明賣方是否附贈設備給買方，包括電表、水表、天然瓦斯管、瓦斯表、冷氣、電視、冰箱、洗衣機、洗碗機、烘碗機和一些家具項目。

另外，永慶房屋對於「增建」部分的爭議要求有比較完整的揭露，包括：

①把增建的項目拆分得非常仔細，總共有 19 項，比信義房屋的 10 項多出很多，且有註明「賣方保證有權處分且隨同主建物移轉絕無異議」等文字。
②增建部分是否曾被拆除，或接獲過拆除通知，或有公告拆除。
③增建部分是否曾經其他區分所有權人或住戶主張權利，或曾發生爭議。
④增建部分是否位於政府下水道工程的位置。

其中的第②和③項，滿值得想要買頂樓加蓋物件的讀者參考。如果曾經發生的話，要特別謹慎，不要花錢買了有頂樓加蓋的房屋，結果還要自費拆除，等於是雙重損失。

　　以上的內容是讓大家參考，如果你準備要買房子，可比對多家房仲公司的房屋現況說明書，要求你的房仲增列你在意的項目。

　　而買房子最常見的糾紛，就是該揭露的沒有揭露，或是屋主勾結黑心房仲，刻意隱瞞房子的瑕疵，不讓你知道房子的問題及缺點。接下來，我們就來看房子最常見的幾個瑕疵狀況。

第10課
瑕疵1》滲漏水問題
占糾紛最大宗

　　滲漏水應該是房屋買賣糾紛中最常見的，根據台北市政府法務局在 2021 年新聞稿中提到，2019 年不動產仲介消費爭議約 110 多件，2020 年隨著房市回溫，申訴案也跟著來到 180 多件，1 年成長 6 成；其中，某不動產仲介業者被申訴的案件占了總數的 1/3 以上。

　　根據消費者申訴內容，大多是在購屋後發現房屋有瑕疵，又以滲漏水問題為大宗。消費者質疑房仲業者沒有做到充分把關責任，事後協助態度亦不夠積極，因而向消保官申訴。

　　雖然房仲業者都說，大部分滲漏水屋況無法事先發現，消保官

仍呼籲房仲業者，應確實加強教育訓練，例如：教導業務人員判斷滲漏水之技巧、加強業務人員與賣方及買方間之溝通訓練等。在發生爭議時，仲介應積極協助處理。此外，法務局也提醒消費者，購屋前應審慎確認房屋現況，並挑選信譽較佳之仲介業者簽約，並評估契約保障是否充足，以降低交易風險，保障消費權益。

這個新聞稿的 3 大重點是：

1. 被投訴的不動產仲介業者消費爭議裡，有 1/3 的案件都是某單一公司。

2. 被投訴房屋有瑕疵的類型中，又以滲漏水問題為最大宗。

3. 部分房仲業務員對於觀察房屋滲漏水的專業能力不足，且發生爭議後不願意積極處理。

大家可以去找找台北市政府法務局歷年來的新聞稿，看看有哪些房仲公司常發生糾紛，當然我也無意一竿子打翻一船人，只想提醒讀者，「小心駛得萬年船」。若正好遇到良心房仲業務，自然是好事，但若遇到不良房仲業務，事前做好愈多準備，也能多

為自己添一分保障。

2撇步觀察房屋是否有滲漏水問題

至於如何觀察屋子是否滲漏水，我簡單整理一些自己的經驗，以及朋友和防漏工程師傅傳授的撇步：

撇步1》檢查房屋是否漏水最佳時機
最好選在梅雨季，或是連續大雨之後進房屋內檢查。

撇步2》7大檢視重點
①屋內先看天花板、牆面等，若出現滲漏或水漬、壁癌等問題，都極大可能有漏水。

②窗戶、窗框周遭若有滲水或水漬，是因窗戶本身破損或不密合而造成的漏水，買進後建議更換窗戶。

③若是窗邊，尤其4個角落延伸之處有滲水痕跡，可能是因為

地震造成裂縫，出現了結構性漏水，最好找修漏公司來處理。

④若屋內有貼壁紙，可以檢查是否有局部的色差跟水漬痕跡。

⑤檢察陽台及屋頂有沒有裂縫？如果有，雨水就容易從裂縫處漏到下一層樓。特別是頂樓的房子，一定要爬上屋頂觀察。

⑥建物外觀也需要仔細檢視，比如説外牆磁磚剝落，甚至長了青苔或是草，則需要特別回到房子裡面，看看對應處的室內牆及交接縫地方，是否有滲水情況。

⑦測試廚房流理台、洗手槽、排水孔的排水是否順暢。可以於流理台、洗手槽積滿水，然後放水，或是拿一個水桶蓄滿水後往排水孔、流理台倒水，也要沖沖看馬桶，若排水的情況不順暢，代表水管可能塞住，日後可能會有滲漏水問題發生。

如果你不幸買到漏水房屋，居間仲介的房仲公司能不能以「前屋主未告知漏水」來卸責呢？答案是：不行！

因為依據《民法》規定，買方和仲介間是成立「居間契約關係」，擔任居間仲介的不動產經紀業者，依據《民法》第 567 條規定，負有「對委託事項盡法律上調查及就其所知據實報告的義務」，如果故意隱瞞房屋瑕疵或是未詳盡屋況調查義務造成買方損害，不但不能向買方請求報酬，仲介公司依據「不動產經紀業管理條例」，也必須與經紀人員負連帶賠償責任。具體的申訴方法，我們一併在第 15 課～ 19 課仔細告訴大家。

第11課
瑕疵2》海砂屋、輻射屋
須透過檢測才能確認

在寫稿的同時，我看到一則新聞：有一對從美國回台的夫妻，在台北市天母地區的天玉街買了一間 40 年老公寓，開始裝潢時才發現竟然是海砂屋，這個案例在與房仲周旋的過程也很經典。

根據新聞報導，這間房子的坪數約 40 坪，買方花了 2,250 萬元買下，因為房仲說，原本的租客想要用 2,100 萬元向房東買房子，這對夫妻誤信了房仲的話術，才會加價到 2,250 萬元。成交後他們有機會見到房客、向他們查證，房客卻說根本沒有這回事。

很多老練的房仲業務，遇到第 1 次買房的生手、年紀大的老人

家、跨縣市買房的人，或歸國同胞，就會利用他們對房價的不敏感，或是說對房仲業者伎倆不熟悉的弱點。

我記得在新聞上，這位自美歸國的妻子聲淚俱下控訴說：在美國的仲介絕對不會這樣，受託人是會為委託人的利益著想的，沒想到在台灣的房仲業者會這樣欺騙消費者，要跟房仲勾心鬥角，要比房仲更懂才不會被騙，真的讓人很無奈。

房仲最初跟買方說，房子只有外牆一點滲水，室內有一點壁癌，重新粉刷就可以，她信以為真。直到他們買入之後拆除原有裝潢，才發現敗絮其中，6 層壁紙底下有 3 面牆漏水，天花板更出現裸露鏽蝕的鋼筋。妻子向房仲表示要做海砂屋檢測，房仲卻告訴她房屋檢測是以整棟為範圍，費用會很高，推薦他們配合的檢驗技師來檢查結構安全，但是報告上卻沒有公會的蓋章，公信力根本不足。

最後是經過買方、賣方、房仲三方同意，找來台北市結構工程工業技師公會。結果 7 個採樣點的氯離子含量超過 $1kg/m^3$，確

定是海砂屋。但賣方不但不願出席協調會,更表示老房子經常會這樣,他的工班説只要花 20 多萬元就可以把結構弄好,造成買方得趕在半年的瑕疵擔保期內向法院主張解約。買方生氣的是,房仲公司一路騙,就算退他們全部的仲介服務費好了,但他們在這段期間付出的時間成本,難道真的求償無門?

海砂屋》以氯離子含量判斷,認定標準近年趨嚴

先來看看何謂海砂屋?一般建築物的結構主要有兩大組成元素——鋼筋及混凝土。混凝土裡面有碎石、砂、水泥等等主要材料,其中又以「砂」的來源最容易受到污染。正常建物使用的砂主要是「河砂」,然而會有不肖業者去盜採「海砂」,而海砂含有大量氯離子,未經過處理就直接添加到混凝土裡面,使用這樣的混凝土建造而成的房子就是所謂的「海砂屋」。因之,海砂屋正式的名稱是「高氯離子混凝土建築物」。

正常的混凝土具有高鹼性(PH 值 12.5 ～ 13.6 左右)能使鋼筋的表面產生鈍化膜(或稱鈍態保護膜),這也是鋼筋不會腐蝕

的原因。但是，含有過量氯離子的混凝土，會破壞鋼筋表面的鈍化膜，使鋼筋氧化鏽蝕，混凝土無法與鋼筋緊密結合，鋼筋混凝土也失去應有的強度而出現崩裂，影響到建物的結構安全，甚或是小型地震後可能發生崩塌，形成危樓。

如果屋主有心掩蓋海砂屋的真相，一般人在看屋時根本很難從外觀發覺，因為只需要利用精美的裝潢就能遮掩住。那麼，要買房時，該怎麼檢查比較保險？建議掌握以下重點：

1. **查詢同批建物**：向附近鄰居、里長，或是在地房仲業者打聽，同一社區、同棟公寓的其他物件，有沒有氯離子檢測超標紀錄。

2. **檢查公共區域**：觀察該棟建築的地下停車場、樓梯間，有沒有鋼筋裸露狀況？

3. **查看室內及陽台天花板**：除了看室內及陽台天花板有沒有壁癌、混凝土有沒有剝落、鋼筋裸露情形，也可推開浴廁上方天花板的層板查看內部。

4. 輕敲牆壁：用手敲敲看牆壁，由於海砂屋的結構脆弱，敲打後可能有崩裂或粉化的狀況，若發現這個問題也要提高警覺。

專業機構大量檢測發現，在 1980 ～ 1990 年之間完工的建物，且有上述第 2、3 項的情形，有很大的機會是海砂屋。

至於氯離子含量要到達多少，才會被判定是海砂屋呢？其實台灣是在 1994 年 7 月 22 日（在此之前並無規範），才由經濟部標準檢驗局（前稱中央標準局）通過氯離子含量的認定標準，當時區分為有耐久性考量的鋼筋混凝土，氯離子含量不得超過 $0.3kg/m^3$（每 1 立方公尺混凝土不得超過 0.3 公斤），一般性考量的鋼筋混凝土則不能超過 $0.6kg/m^3$（詳見表 1）。到了 1998 年 6 月 25 日之後則統一規定為 $0.3kg/m^3$，這個標準也成為成屋硬固混凝土參考的標準值（詳見內政部地政司不動產委託銷售契約書範本附件「不動產標的現況說明書」）。

直到 2015 年 1 月 13 日，經濟部標準檢驗局又將氯離子的安全標準值調降為 $0.15kg/m^3$ 以下，成為現行建物的檢驗標準。

台灣對於海砂屋認定標準趨於嚴格
鋼筋混凝土氯離子含量認定標準變化

建築物申請施工勘驗日期		鋼筋混凝土中最大水溶性氯離子含量（*kg/m³）
第1階段	1994.07.21之前	無
第2階段	1994.07.22～1998.06.24	耐久性考量0.30 一般性考量0.60
第3階段	1998.06.25～2015.01.12	0.30
第4階段	2015.01.13迄今	0.15

註：*kg/m³：係指每一立方米混凝土中，鋼筋混凝土最大水溶性氯離子含量為
　　幾公斤
資料來源：經濟部標準檢驗局

　　想要確定建物是否為海砂屋，可以花錢委託各地建築師公會或專業鑑定機構，進行「氯離子含量檢測」，一次費用大約 5,000 元，等待時間約 2 個星期，檢測後鑑定單位會核發「高氯離子混凝土建築物鑑定報告書」。根據台北市政府都市發展局發布的「台北市高氯離子混凝土建築物鑑定原則手冊」，鑑定書中會包含以下重點：

1. **鋼筋檢測**：腐蝕速率及斷面量測；板、梁、柱、牆的鋼筋是否有鏽蝕情形、是否達到影響結構安全的程度。

2. **混凝土檢測**：根據混凝土鑽心取樣結果，進行抗壓強度、氯離子含量、中性化深度（註1）、保護層厚度檢測。

3. **裂縫量測**：板、梁、柱、牆是否有混凝土剝落的損害狀況；梁柱的裂縫寬度及長度。

4. **綜合研判**：如果氯離子含量、中性化深度、混凝土抗壓強度等檢測超標，則無需再辦理耐震能力評估，將判定拆除重建。否則將要進行耐震能力詳細評估，以進一步判定應拆除重建或進行補強工程。

5. **鑑定結論**：註明判定結果及具體處理措施。

值得注意的是，海砂屋除了在1980年～1990年建造完成的房子中較常見到之外，也有地域性之分，某些靠近海邊的房子也

容易出現海砂屋。例如有一位在新北市淡水區執業多年的代書，曾向法院作證説，以他的經驗，淡水 5 樓以下的舊公寓，多有出現氯離子含量超過標準的狀況。

接下來舉一個來自法院的判決內容：一名男子在 2014 年買進一間淡水區的舊公寓，當時在買賣契約中約定，「乙方（即被告）保證本買賣標的物於交屋前無存在物之瑕疵（例：傾斜、龜裂等影響結構安全或滲漏水、海砂屋、輻射屋……等瑕疵）如有上述情事，除本契約另有約定外，乙方應負瑕疵擔保責任。」但是代書根據自身經驗，認為淡水舊公寓多有氯離子超標情形，因此於房屋現況説明書上加了一句「氯離子含量會超過標準，雙方確知」等字樣。

而在房子交屋後 3 個多月，有一間房間就出現天花板崩塌的情

註1：正常的混凝土原本呈高PH值，為高鹼性，但是受到空氣中如二氧化碳氣體影響，將產生化學反應，使得混凝土PH值下降，也就是所謂的中性化；鋼筋則會在中性化的環境當中，逐漸出現腐蝕的狀況。而中性化深度指的是檢測混凝土的PH值，若出現中性化現象，深度約幾公分。

形，屋主請來鑑定公司，檢測結果發現氯離子含量超標，房門正上方衡量的氯離子含量達 $0.7kg/m^3$，房屋天花板更超過 $3kg/m^3$，大幅超過了當時的氯離子含量標準 $0.3kg/m^3$。

屋主發現自己買到了海砂屋，向賣方要求解除買賣契約。但是賣家不肯解約，理由是，簽約時已於房屋現況說明書中載明「氯離子含量會超過標準，雙方確知」，並經買方簽名蓋章，代表買方已經知道有氯離子含量過高的問題，他主張「氯離子過高可能就是海砂屋已是常識」，買方願意簽約購買就代表他能夠接受這項瑕疵，因此賣方不負擔保責任。

這個判決的結果是買方勝訴。判決書指出，混凝土內氯離子來源，原因可能來自組成材料如海砂，也可能是來自混凝土所暴露的環境中；氯離子含量過高有可能為海砂屋，然而是否確定為海砂屋，必須經過專業人員以專業儀器測量後為判斷。

而當初賣方並沒有提供相關的檢測報告，因此也不能光以現況說明書中載明氯離子含量超過標準等字眼，就認為買方於簽約時

就接受這間房屋是海砂屋。而房屋既然已被鑑定為海砂屋，具有重大瑕疵，因此法官判決賣方應負瑕疵擔保責任，並解除買賣契約、返還買賣價金。

輻射屋》有列管名單可查，也可自帶儀器測量

海砂屋多出現在 1980 年到 1990 年之間蓋好的房子，輻射屋也一樣，只出現在特定年份的舊屋上，行政院原子能委員會（以下簡稱原能會）稱之為「放射性污染建築物」，使用執照主要核發日期在 1982 年 11 月～ 1986 年 1 月之間。

台灣社會發現輻射屋的存在是 1992 年時，一名台電員工將輻射偵測儀帶回宿舍，竟發現家中有輻射，輻射鋼筋大規模污染建物被披露後，才有媒體揭發早在 1985 年就有輻射屋出現，引發全台譁然。

原來在 1985 年時，位於台北市龍江路「民生別墅」一間牙醫診所申請安裝 X 光機，發現 X 光機在沒有通電的狀況下，輻射偵

測儀仍發出叫聲，原能會到現場檢測時，才發現輻射是來自建築物的牆柱。但當時原能會以屏蔽加鉛板方式結案，並未對外公布。

由於輻射量會隨著時間衰減，原能會每年會對於遭受放射性污染達年劑量 1 毫西弗以上之建築物更新造冊，對於曾經被造冊的建築物，若輻射劑量降至年劑量 1 毫西弗以下，亦可申請註銷。一般民眾買房子前，可以到原能會網站（www.aec.gov.tw）查詢輻射屋資訊，或是到「現年劑量達 1 毫西弗以上輻射屋查詢系統（https://ramdar.aec.gov.tw）」直接輸入欲購買房屋的地址進行查詢。

而現在電子儀器愈做愈迷你，精準度也高。我看過比較謹慎的買方，在看房子時會隨身帶著測量輻射的儀器，大概 1,500 ～ 2,000 元就可以買到。

不過，在房價高漲下，輻射屋也是有市場的；2018 年，「民生別墅」終於有第一間房屋售出，成交價每坪 59 萬元、總價 2,520 萬元，比附近房價便宜大約 2 ～ 3 成。

第12課
瑕疵3》白蟻蟲害
難從外觀察覺卻非常棘手

　　白蟻問題，是外觀很難確知，短期內不會發生危險，但處理起來卻相當麻煩棘手的重大瑕疵！

　　台灣的住宅裡經常會有白蟻的問題，主要是因為環境潮濕、氣溫變化不大；加上白蟻喜歡吃木頭，台灣使用木製家具或木材裝潢比例高，所以白蟻容易窩居在住家天花板、木材裝潢的牆角、連著裝潢的木製櫃子，或是木頭地板裡。

　　有的房屋仲介公司會在合約裡要求屋主聲明有無白蟻問題，有的卻沒有。像我和室友 S 先生曾買到一間有白蟻的房子，該家房仲公司提供的房屋現況說明書就沒有這一項，我們事前也沒有想

到，是裝潢時才發現好幾個巨大白蟻窩。當然，原屋主一定要負瑕疵擔保責任，所以買方事後還是可以追償；但如果事前有揭露，讓買方可以充分評估嚴重情況，且事先和賣方協調好怎麼處理、費用如何交付，總比事後再找房仲業務、找賣方追索，甚至告上法庭，來得省力多了。

至於白蟻問題的棘手程度，是只要遇過房子有白蟻問題的人，都會異口同聲地說：真的很麻煩！很難處理！

我 10 年前請一個設計師裝潢房子，10 年後因為廚房裡的木地板出現波浪狀，請他來檢查。他十分仔細地左敲右敲，然後聽聽有沒有白蟻發出的聲響（詳見 tips），好確認是不是白蟻造成木板的波浪現象？

4特徵導致白蟻問題難以處理

他很嚴肅地對我說，所有的裝潢問題裡最難處理的就是白蟻，他說：「你們人那麼好，我真的不希望你們家出現白蟻。」講得

一副好像家裡出現白蟻就是一種天大報應似的，我這樣描述，大家對處理白蟻問題有多麻煩，應該有大致的概念了？

　家裡有白蟻問題為什麼會麻煩？我歸納以下幾個原因：

1.在外觀上看不出來，無法用肉眼發現

　通常只有住在屋子裡的人，在晚上夜深人靜的時候，才容易聽到白蟻發出叩叩、叩叩的聲音。所以一般看屋時間不長、且多在白天，很難檢查有沒有蟻蟲蛀蝕的洞，白天環境噪音較多、聽不到白蟻活動的聲音，很容易被屋主蒙蔽。

2.白蟻善於躲藏，不易根除

　「除惡（蟲）務盡」，這句話在處理白蟻問題上很難實現；經常是在東邊下藥之後，白蟻就跑到西邊；因為白蟻生性隱匿，善於躲藏，所以在家中發現白蟻最麻煩的是不容易根除，會被人看到時只是冰山一角。即使在發現白蟻的地方用藥殺蟲，白蟻仍會擴散到其他角落再築巢，除蟲公司就算來了幾趟，效果仍不彰。長期下來，白蟻大軍會將木製裝潢或家具啃蝕殆盡。

tips

白蟻叩叩聲不是因為吃木頭

一般人會說，聽到木製裝潢出現叩叩聲，可能是白蟻吃木頭的聲音，其實那是來自白蟻中的工蟻敲擊木頭的聲音。當工蟻發現危險或被干擾時，會用頭敲擊木頭造成震動，以通知其他白蟻！另外，工蟻也會透過敲擊木頭的回聲，來判斷前面物品的大小規模，所以聽起來是輕輕的「叩、叩、叩」的聲音。其實白蟻在白天也會發出這聲音，只是晚上夜深人靜時較容易被人類聽到。

3.白蟻可能在同一社區多間房子來來去去

如果同一社區有一戶人家出現白蟻，同社區的其他房子也很難倖免，因為白蟻會一直繁殖、生長、遷徙，跑到隔壁鄰居房子裡，然後再跑到下一個鄰居家。

4.根本解決辦法是重新裝潢，荷包恐大失血

通常根本解決的辦法，就是得把家裡所有的木製裝潢拆掉，請除蟲公司徹底進行「全室除白蟻」。然後，重新裝潢的材料、家具，都不能使用木頭，或是只能選用具天然除蟲香氣的樟木等；否則就算你家的白蟻已清光，難保鄰居家的白蟻不會再跑回來築巢。而重新裝潢，要花的錢不少，不是每個人都會有這筆預算。

　　我自己買房遇過白蟻問題，所以事後仔細看了多家房仲公司的房屋現況說明書，其中包括住商不動產、信義房屋、永慶房屋、大家房屋的說明書有把白蟻問題列入；至於有巢氏房屋、大師房屋，以及太平洋房屋等等，則是沒有把白蟻這一項列入（截至本書截稿前的版本）。

　　事實上，就連內政部的成屋買賣契約書範本中的「建物現況確認書」裡，都沒有列入白蟻蟲害這一項。所以，讀者未來若與房仲公司往來，若房屋現況說明書沒有提供白蟻這項說明，一定要記得向屋主及仲介確認「房子有白蟻或其他蟲害嗎？」或要求將這一項加入房屋現況說明書當中。

約定以現況交屋，賣家仍可能要為蟲害擔責

　　在此呼籲主管機關和相關業者從善如流，應把白蟻蟲害的項目列入，以減少房屋買賣糾紛、法院訴訟，增加不必要的社會成本。

　　此外，現在很多人賣房都會跟買方強調「現況交屋」，來撇清

房屋瑕疵責任，在這種情況下，若買方在交屋後發現白蟻，可不可以向前屋主求償呢？根據《住展房屋網》一篇在 2010 年的判決案例報導，足以讓很多家中有白蟻的賣屋者警惕。

新聞內容是這樣的，一名陳姓女子在 2007 年以 1,608 萬元購買一間位於新北市中和區的房子，交屋後拆改房屋隔間時，發現原有的室內木作裝潢遭到白蟻蛀蝕，還有許多成蟻蟲卵，但是她通知賣方到場會勘，對方卻不予理會。

買方告上法院、要求賠償，她所持理由是：白蟻是因為賣方先前裝潢時並未使用防腐基材，施工時偷工減料、建物有漏水等情形所致。買方於是僱人進行除蟲，並拆除遭嚴重蟲蛀的蛀蝕部分，再施作簡易木作裝潢以恢復堪用狀態，所有費用一共是 186 萬多元，買方認為這筆錢應該由賣方負擔。

賣方則反駁，舊有木作都已由買方僱人拆除，無法鑑定白蟻原本就存在，且雙方簽約時也有約定「現況交屋」，主張交屋內就算發現有瑕疵，買方不能再向賣方求償。

　　最後賣方被板橋地院判決敗訴，理由是買方在交屋後 1 個月內，就發現房屋原本木作裝潢遭白蟻蛀蝕嚴重；可知道房屋內有白蟻蛀蝕，是原屋主早年裝潢的本身問題所致，且交屋前即已存在白蟻蛀蝕之情形。

　　板橋地院根據《民法》的規定指出（詳見不動產相關法規❶～❸），物之出賣人對於買受人，應擔保其物移轉於買受人時，無滅失或減少其價值之瑕疵。而移轉之前就存在的瑕疵，賣方應該負擔保責任，買方可以據此解除契約或請求減少價金。此外，瑕疵擔保責任是「法定無過失責任」，無論出賣人是否有過失，只要該物品缺乏應有的效用、品質等，就得對買方負責，而房屋在交屋前就存在白蟻問題，當然屬於重大瑕疵。

　　最後法院囑託地政不動產估價師事務所鑑定，判定房屋裝潢遭白蟻蛀蝕之不動產價格減損比為 6.5%，因此法院判決賣方應付給買方 104 萬 5,200 元，也就是成交價 1,608 萬元的 6.5%。

　　當然，前面這個判決實例，可以說那位陳姓女子很幸運，遇到

不動產相關法規❶

《民法》第 354 條

1. 物之出賣人對於買受人，應擔保其物依第 373 條之規定危險移轉於買受人時無滅失或減少其價值之瑕疵，亦無滅失或減少其通常效用或契約預定效用之瑕疵。但減少之程度，無關重要者，不得視為瑕疵。

2. 出賣人並應擔保其物於危險移轉時，具有其所保證之品質。

不動產相關法規❷

《民法》第 355 條

1. 買受人於契約成立時，知其物有前條第一項所稱之瑕疵者，出賣人不負擔保之責。

2. 買受人因重大過失，而不知有前條第一項所稱之瑕疵者，出賣人如未保證其無瑕疵時，不負擔保之責。但故意不告知其瑕疵者，不在此限。

不動產相關法規❸

《民法》第 373 條

買賣標的物之利益及危險，自交付時起，均由買受人承受負擔，但契約另有訂定者，不在此限。

一個很能體恤受害者心情的法官，可獲得逾百萬元的裝潢費賠償。近年來，因為處理白蟻問題的技術、設備、除蟲藥更新和進步，多數法官會判決前屋主賠償給付裝潢費中的一部分，並外加除蟲費用，賠償金從幾萬元到幾十萬元的都有。

不過，陳姓女子在買進房子發現問題後，花時間和前屋主協調、再整理房子處理白蟻，然後花錢請律師打官司，直到 3 年後才獲得勝訴判決，而且還不確定前屋主有沒有錢可以賠她，這個過程肯定已經讓她身心俱疲了。

若房仲未查知，也須負賠償責任

至於賣白蟻屋，房仲有沒有責任？有一個買方在「法律諮詢家」網站上詢問如下：

親愛的律師們好：

我在最近購置一間二手中古屋，交屋後要裝潢才發現整棟 3 層

樓所有裝潢都有白蟻蛀蝕，房仲與原屋主均推說原況交屋，且房仲律師答覆說，內政部版本房屋現況說明書內沒有白蟻項目，所以房仲不需要對白蟻負責。

請問，此狀況房仲與前屋主有責任嗎？若有，可以請求房仲退還（仲介費及賠償修繕）嗎？有相關法院判決可供參考嗎？

針對問題一，多數律師都回答，契約未明定，並不表示就不是瑕疵，只要客觀上足以令一般人認為將造成價值減少之情形，均可認定為瑕疵。白蟻的問題當然可認為屬於房屋瑕疵；並建議提問的網友可向賣方主張瑕疵擔保之損害賠償，或請求減少價金來填補損害。

至於問題當中提到房仲是否有責任的部分，只有一個律師回答：「如果房仲因過失而未查知（指房仲沒有檢查有無白蟻問題），也有賠償責任。」

而白蟻屋的糾紛確實不少，我也看到 FB 社團「爆料公社」中，

有超多件買到白蟻屋的屋主，在上頭抱怨前屋主的態度，抱怨房仲疏失與不專業，或是抱怨處理起來多困難，例如以下這篇發文，看得出來對於前屋主和房仲有很大的怨言。

　網友 Chu 發言：

　買房要睜大眼，以為委託仲介買房可多一層保障，誰知才是噩夢開始，買了一間全是白蟻的屋子！

　通知房仲，交了屋，不理不睬，基隆市 XX 路，XXX 房屋。前屋主說「我的木頭質料很好，我都用了 40 ～ 50 年，不可能有白蟻！」但前屋主你還用水泥補蛀蟲洞？

　買方買到瑕疵屋，仲介不理，賣方不理，都在推，那這樣要房仲這職業做什麼？又領高額服務費不專業又會推。買方付 2% 服務費給仲介，賣方付 4% 給仲介，其實這都是從買方的錢算在裡面，把房價抬高去付仲介共 6% 仲介費，如沒買方買房子，仲介 2% ＋ 4% ＝ 6% 哪裡來？還不認真幫把房子屋況調查好，憑什麼

要收高額服務費？

如我們懂，我們專業，我們就不用找仲介買房子，就不用付高額服務費，看仲介比醫生還好賺，仲介比律師還好賺。仲介如果只是帶看房子就買賣，我可以給大樓管理員做，給管理員紅包就可以，憑什麼付高額服務費？帶看房子誰都會，仲介沒有專業知識憑什麼收取高額服務費？最重要的是要讓大家看看台灣的很多房仲價值有多爛，希望政府要修法來整治房仲這職業！

大家看，網友 Chu 是不是寫得太有道理了？這也是受害者很沉痛的心聲啊！到底該如何為自己討公道？我們會在第 15 ～ 19 課仔細談。

第13課
瑕疵4》凶宅、類凶宅
做3件事避免賣家隱匿不報

記得 2018 年連續發生兩起恐怖的屍體支解案,其中一件是當拳擊教練的男友把女友殺害之後,分屍成 7 大袋,埋在自家社區後面的花圃裡。

另外一件,是兒子因為跟母親激烈爭吵,把媽媽的頭顱砍下,從 12 樓丟下社區中庭。兩起案件相當駭人聽聞,而且很巧合地都發生在同一年、前後不過間隔幾個月。

當時我對凶宅的定義還一知半解,看了新聞深覺鄰居真的很倒楣,一個人的行為,就害整個社區都變成凶宅了?以後誰敢買這兩個社區的房子啊?不過事後我上網查,才發現內政部對凶宅的

定義有過進一步的解釋。

符合3要件才是政府定義的「凶宅」

嚴格來說，「凶宅」並不是正式的法律用語或法律概念。為減少買賣糾紛及爭議，內政部有 3 次的函令及解釋，依照時間排序如下：

1.內政部於 2003 年 6 月 26 日內授中辦地字第0920082745 號，公告修正的「不動產委託銷售契約書範本」的附件一，也將「本建物（專有部分）於賣方產權持有時間是否曾發生兇殺或自殺致死之情事」列為不動產現況說明書內容之一。

2.內政部於 2008 年 7 月 24 日內授中辦地字第0970048190 號函釋指出，所謂「本建物（專有部分）於賣方產權是否曾發生『兇殺或自殺致死之情事』，係指賣方產權持有期間，於其建築改良物之專有部分（包括主建物及附屬建物），

曾發生兇殺或自殺而死亡（不包括自然死亡）之事實（即陳屍於專有部分），及在專有部分有求死行為致死（如從該專有部分跳樓）；但不包括在專有部分遭砍殺而陳屍他處之行為（即未陳屍於專有部分）」。

3. 內政部 2019 年 10 月 31 日台內地字第 1080265601 號令，要求不動產說明書的應記載事項中，應將「本建物（專有部分）於產權持有期間是否曾發生兇殺、自殺、一氧化碳中毒或其他非自然死亡之情形」清楚列入。

如果仔細探究內政部這 3 次的公告、函令及解釋的說明文字，就屬 2008 年 7 月的函釋最為清楚。這也是當案件走到法院訴訟程序後，最多法官所採用的函釋內容。

所以內政部所定義的「凶宅」有幾個要件：

1. 發生在賣方產權持有期間。
2. 發生在建築物專有部分（包括主建物及附屬建物，而附屬建

物通常包括陽台、露台、雨遮等）。

3. 在建築物專有部分有兇殺或自殺而死亡的事實（也就是死在專有部分）。

4. 在建築物專有部分內有求死行為而致死（即使不死在專有部分也算）。

所以很多狀況嚴格來說，都不會被算進「法定」凶宅。包括像是在房子裡被砍殺，但是送到醫院後才斷氣，是不會被算成凶宅的；或是，我在本篇開頭提到那兩起聳動的社會案件，也只有屋子（專有部分）是凶宅，遭到棄屍或埋屍的社區也不算是法定的凶宅！

所幸，比起漏水、海砂屋、白蟻屋等狀況，房仲業務對凶宅隱匿程度較低。一方面因為房仲公司都是長期在地經營，也會擔心買賣凶宅的法律責任，傳出去名聲不好聽，所以轄區裡哪一戶什麼時間發生過什麼事？一般都會記錄下來，再往下傳承。二方面，以台灣人喜歡茶餘飯後八卦鄰居的習慣，買方只要左鄰右舍多問問、多聊聊，要得知凶宅不是太困難。

但我很想問問大家，若你買的是發生前面那兩件刑案的社區房子，晚上回家經過中庭或花園心裡會不會毛毛的（若不會，我要大大稱讚你，鐵定是一個行得正、坐得直，半夜不怕鬼敲門的漢子）？我相信大多數人，對於買這類房子，肯定也要考慮再三吧？

買房前3件事，確認是否為「類凶宅」或「間接凶宅」

因為大家還是會在意，所以一般市場上對於發生這種在公共空間發生非自然死亡，或是有被棄屍、埋屍，在屋內發生兇殺卻沒斷氣……等狀況，可能影響買方意願的房子，特別取了個名字，叫做「類凶宅」，也有人稱「間接凶宅」。

「類凶宅」就比較可能遇到屋主或仲介隱匿不告的情形，畢竟內政部已有定義了，房子如果可以不必折價賣，屋主也希望盡量賣到高價。

所以還是很在意買到類凶宅的人，在看房買房的時候，記得多問前屋主及仲介一句話：這房子算類凶宅嗎？或是已經決定買房

的人，可以在合約書上畫押，要求屋主保證本戶同棟住戶從未發生過非自然身故情形，否則得無條件解除契約，並由賣方與仲介負擔相關過戶、代書費用。

如果還是不放心，無論如何都想避免買到凶宅及類凶宅的，可以做以下幾件事：

1. 多跟管理員、鄰居、附近的商家，以及透過多家不同仲介打聽：消息來源最好不要只有一個，因為有的時候管理員會怕得罪住戶不敢多說，鄰居也可能自掃門前雪，而仲介也是一樣，經營在地有深淺程度的差別。

2. 透過網路平台詢問：在社交軟體 Facebook 加入像是「我是XX 人」的地區性社團，公開詢問網友大神，請大家多多提供訊息或是歷史媒體報導。我就在 FB 社團「我是木柵人」上面看過有年輕人買房時詢問，社團成員都非常熱心地回答各種訊息。

3. 留心低於市場行情的物件：因為內政部定義的凶宅是「在房

屋持有期間」，所以「凶宅洗白」的手法可能是「不斷轉手」。如果你想買的物件經過多次轉手，而且歷史交易價格明顯與附近行情有落差，或是幾任屋主都是出租、沒有自住過（因為買進凶宅者通常不會自住），且租金行情低於一般市場水準，也要特別當心。

老一輩的人喜歡問管區（轄區警察）關於房子的刑案紀錄，這個方法現在已經行不通了。一方面是因為《個人資料保護法》上路之後，警察擔心觸犯妨害祕密罪，不會向一般大眾透露凶宅訊息，二方面是現在的警員調動頻繁，對轄區歷史訊息掌握不多。只有在案件進入訴訟，法官調閱資料時，警政單位才會回覆公文給法院。

另外要小心的是，市場裡有特定族群特別喜歡買「凶宅」案件轉售，因為比起其他瑕疵房子，凶宅的折價較大，價差大就挪出利潤空間了。

他們的方法就是轉賣好幾手（通常是人頭），房屋轉到第二手、

第三手之後，當仲介或買方要求揭露「在房屋持有期間是否發生過自殺或他殺事件」時，好幾手之後的屋主，在持有期間當然沒有發生（因為發生在前前前屋主），買方就不容易得知了；且萬一買方告上法院，告訴人也很難證明第三手之後的屋主是否能確知房子曾為凶宅。所以，買房之前多方查證是必要的。

最後我把一些可能發生的情況整理如表 1（詳見表 1），來讓大家能夠練習一下，「凶宅」和「類凶宅」的差別在哪裡？或許大家可以先把答案遮住，自我測驗一下。

表1 若為自然死亡，則不會被歸為凶宅

狀況	凶宅	類凶宅	
老人在家中病逝許久，屍體卻沒有下葬		✓	
在家中吸毒暴斃		✓	
在家中浴室跌倒死亡		✓	
感染到COVID-19在家中隔離時死亡		✓	
從頂樓跳下自殺，陳屍於中庭		✓	
從家中陽台往外跳樓自殺，陳屍於中庭	✓		
從家中陽台往外跳樓自殺，死在二樓陽台上	✓		
在社區的後花園老樹上吊自殺而死亡		✓	
在房子內被砍殺數十刀失血過多，送醫後才死亡		✓	
在房子裡上吊但被發現，救下來時還有呼吸，送醫急救後才斷氣	✓		
戀屍者把已死亡的遺體運回家中陪伴月餘才被家人發現		✓	

凶宅與類凶宅的區別

理由
屬自然死亡
屬自然（因藥物濫用）死亡
屬發生意外死亡
內政部特別解釋此為自然死亡
住家及社區均非凶宅。因為死亡發生在公共空間而非建築物專有
住家為凶宅。因為在建築物專有部分求死行為，且最後死亡
住家及二樓房子均為凶宅。因為在建築物專有部分求死，且最後死亡地亦在建築物專有部分
死亡發生在公共空間而非建築物專有部分
兇殺案雖然發生在建築物專有部分，最後沒有死在專有部分
住家為凶宅。因為在建築物專有部分有求死行為，且最後死亡
沒有死在建築物專有部分

第14課
瑕疵5》嫌惡設施
依個人觀感及需求而定

除了大家常見的房屋漏水、海砂屋、白蟻蟲害之外，其實物件周邊的「嫌惡設施」，也是房仲業務員會選擇性隱匿不說的重要資訊。有不少房仲公司的房屋現況說明書裡，只著重在說明房子本身的狀況，只有少數的房仲公司有要求仔細勾選房屋周邊嫌惡設施。

嫌惡設施多元化，加油站、老樹可能也會帶來困擾

什麼是嫌惡設施？孟母三遷的故事是最好的例子，孟母認為住家環境附近有墓地或鬧市，可能會對小孩的教育造成不良影響，最終選擇搬到學校附近。

　　但隨著現在生活型態的改變，嫌惡設施也跟著多元化，除了古時候就有的墓地、殯儀館、神壇、廟宇、特種行業、菜市場跟夜市外，現代社會才出現的垃圾場、焚化爐、高壓電塔、變電箱、基地台、機場、加油站、高架橋及鐵路等，雖然能帶來生活上的便利，但也潛藏妨礙安寧，或影響生活安全的困擾。

　　其實，嫌惡設施到底算不算得上嫌惡，是很主觀的，因為每個人觀感及需求都不一樣。

　　以加油站為例好了，如果你家門前 20 公尺就有一座加油站，你可能會覺得的確就是嫌惡設施，每天聞到汽油味，車子進進出出加油產生的廢氣，對住旁邊的人來說就很困擾。但如果你家附近 200 公尺有一座加油站，你大概不一定會嫌惡，反而覺得方便，因為開車出門之前，可以先加滿油；晚上回家之前，或是汽油價格調高前想要去排隊搶油，都很方便，這個時候，加油站就變成一項便利設施了。

　　一項設施到底是好或不好？有時是一體兩面。我想特別談的這

一種「嫌惡設施」，一般人在買房子的時候不會特別想到，但是也必須特別當心後續影響的，就是「老樹」。

一定很多人說，房子附近有綠樹多好啊，怎麼會是嫌惡設施呢？答案到底是或不是，就要看這棵樹和房子的距離了。

說一個我的看屋經驗。幾年前，室友S先生一直瘋著想買別墅，當時我陪他去看了一間在國立政治大學後山的獨棟別墅，據說有很多名人也買了附近的別墅。

房子內部整體條件算是不錯，前後都有自己的花園，基地滿大的，開價也不貴。不過有點怪怪的是，就在房子1樓出入口前，大概不到5公尺的距離，有一棵老樹；那棵樹長得非常高，但是沒有什麼葉子，樹上寥寥可數的葉子也已枯黃，並不是很有生氣的樣子。從樹的高度來看，這棵樹存在的時間可能比這間房子還要久。

當時S先生很喜歡這間房子，有意出價去談，但是我心裡覺得

不妥，請他且慢；為此，他還生氣地說我不支持他，責怪我讓他錯過很多買房子的機會。

我回家立馬上網查詢，看看網路上對於房子蓋在老樹旁邊有沒有什麼評論？果然，有不少看風水的老師說，因為大樹招陰，所以房子若離大樹太近，可能會招惹到另一個平行空間的東西。

恰好晚上我老媽也打電話來，我跟她聊到這件事。她說，樹這麼老、樹根伸入地底下，肯定早已盤根錯節；萬一哪天這棵樹死掉了，根部開始腐爛，房子下方會變成有空洞，地基不穩固、地板也會下陷，到時候要處理就很麻煩，嚴重的話房子會整個塌陷。她有此經驗談，是因為小時候住在山裡，看到鄰居的房子因此無法繼續使用，導致被迫棄屋搬家。

我自己也才想起，以前曾經住一個有花園的社區，花園裡原本有好幾棵大樹，但是花園底下是地下停車場，大樹的根往下伸展了 20、30 年，把地下停車場的天花板結構給破壞了，造成停車場的天花板經常漏水。最後社區不得已，決議把大樹給拔除了，

而停車場天花板因必須花大錢修補，住戶大會始終沒有達成共識，漏水問題難以解決。所以你說，大樹到底是不是嫌惡設施呢？我跟你說，如果大樹和房子靠得太近，樹根會影響到屋子結構安全，且不利風水，那肯定就是。

自救篇
爭取應有權益

購買成屋的優點是可以看到屋內實況,不過就算看得再仔細,像是滲漏水這類問題,通常在拆掉裝潢或是實際入住之後才會顯現出來。如果真的買到這種有瑕疵的房屋,難道只能摸摸鼻子自認倒楣嗎?

台灣是一個法治的社會,在法律規定期限內,我們還是有機會使用正當的手段,向原屋主或是仲介公司請求適當的賠償。

第15課

行動1》依據居住意願
擬定瑕疵屋處理策略

買到有瑕疵的房屋，先別怨天尤人，你首先要冷靜，然後確認下列幾件事（詳見圖1）：

1. 房子瑕疵狀況嚴重到什麼程度？瑕疵可以完全修復，並且你也願意居住嗎（接第2點）？還是不管怎麼修理，你都無法住在裡面（接第3點）？

2. 如果你還是喜歡這個房子，希望房子瑕疵可以修復就好，那麼你要求的就是前屋主要負瑕疵擔保的責任。有3個選項：

①請前屋主（仲介負連帶責任）把瑕疵修復。

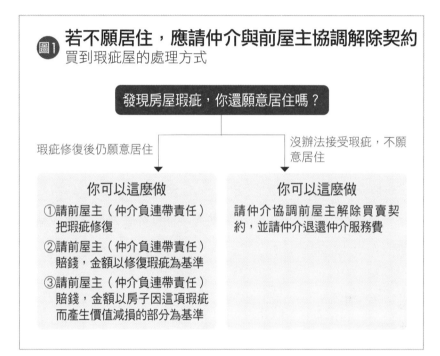

圖❶ **若不願居住，應請仲介與前屋主協調解除契約**
買到瑕疵屋的處理方式

發現房屋瑕疵，你還願意居住嗎？

瑕疵修復後仍願意居住

沒辦法接受瑕疵，不願意居住

你可以這麼做
①請前屋主（仲介負連帶責任）把瑕疵修復
②請前屋主（仲介負連帶責任）賠錢，金額以修復瑕疵為基準
③請前屋主（仲介負連帶責任）賠錢，金額以房子因這項瑕疵而產生價值減損的部分為基準

你可以這麼做
請仲介協調前屋主解除買賣契約，並請仲介退還仲介服務費

②請前屋主（仲介負連帶責任）賠錢，金額則以修復瑕疵為基準。

③請前屋主（仲介負連帶責任）賠錢，金額以房子因這項瑕疵而產生價值減損的部分為基準。

3. 如果你完全沒辦法接受你在房屋裡發現的瑕疵，那麼你要做的有 2 個動作：請仲介協調前屋主解除買賣契約，並請仲介退還仲介服務費。

買方和原屋主之間是買賣契約關係，依據《民法》第 354 條第 1 項、第 373 條規定，原屋主將房屋物移轉於買受人時，應擔保房屋無滅失或減少價值的瑕疵，也沒有滅失或減少通常效用或契約預定效用的瑕疵。這就是所謂賣方有瑕疵擔保責任的法條來源。

但一定要注意，有 2 種情況，房屋賣方不負瑕疵擔保責任。在《民法》第 355 條：「1. 買受人於契約成立時，知其物有前條第一項所稱之瑕疵者，出賣人不負擔保之責。2. 買受人因重大過失，而不知有前條第一項所稱之瑕疵者，出賣人如未保證其無瑕疵時，不負擔保之責。但故意不告知其瑕疵者，不在此限。」

白話文就是：

1. 如果房屋買方在簽定買賣契約之時，已經知道房子有確定的

瑕疵時，賣方不負擔保責任。

2. 如果房屋買方有重大過失，而不知道房子的瑕疵，且房屋賣方如果沒有保證房子有瑕疵時，也不用負擔保責任。

房屋買方會有什麼重大過失？其實我個人就覺得很難理解，上網查了一下名詞解釋，重大過失指「一般人通常注意義務即可得知物之瑕疵，竟疏於注意而不知，謂之重大過失」。就是指買方應注意、能注意，卻未注意的過失；但是我遍尋判決，也查不到有法官認為，在房屋買賣交易上，買屋者有出現疏於注意的重大過失，使賣方不必負瑕疵擔保責任的判決。

所以總結來說，只有一種情況，房屋賣方不需負責，就是買賣契約在簽定時，賣方若已清楚告知買方，甚至寫明房屋確切的瑕疵情況及範圍，則賣方不需為這個瑕疵負責。

現況交屋僅限已知瑕疵，未知瑕疵賣方還是要負責

接下來一定很多人會問，有的房屋賣方會寫「現況交屋」，那

如果交屋後買方發現什麼事先不知道的瑕疵，賣方是不是可以就此免責呢？答案是非也！如果房屋出現「未知瑕疵」的部分，賣方還是要負起責任的。

因為在實務上，「現況交屋」多被認為是買賣雙方同意就「已知」瑕疵進行現況交屋，所以對於已知瑕疵的部分，可排除賣方瑕疵擔保責任、或是債務不履行責任；然而對於未知瑕疵部分，只要確定是在房屋移轉之前就存在的瑕疵，而這瑕疵讓房屋產生價值的減損，買方就有權請賣方負責。

第16課
行動2》把握黃金索賠期限
行使瑕疵擔保請求權

　　《民法》上的瑕疵擔保請求權原則上是交屋後 5 年內，但要特別注意的是，如果你已經發現房屋有瑕疵，就必須趕快以存證信函通知賣方（若發現之後遲遲不通知，可能會被認為已經承認這個瑕疵），同時在 6 個月內提出訴訟，主張行使「瑕疵擔保」的法律保障。

　　這個 5 年期限規定的法源，是在《民法》第 365 條：「1. 買受人因物有瑕疵，而得解除契約或請求減少價金者，其解除權或請求權，於買受人依第 356 條規定為通知後 6 個月間不行使或自物之交付時起經過 5 年而消滅。2. 前項關於 6 個月期間之規定，於出賣人故意不告知瑕疵者，不適用之。」

而《民法》第 359 條也提到，「買賣因物有瑕疵，而出賣人依前五條之規定，應負擔保之責者，買受人得解除其契約或請求減少其價金。但依情形，解除契約顯失公平者，買受人僅得請求減少價金。」

買到瑕疵屋想求償，須牢記5大重點

因此一旦買到瑕疵屋，法律規定買方可以「要求解除契約」或是「要求減少價金」，可以怎麼做呢？請牢記以下 5 大重點：

1.買賣契約之瑕疵擔保責任不包括修補瑕疵

雖然買方可以主張解除契約或減少價金，但是《民法》並沒有規定賣方必須負責修補瑕疵；如果是買賣雙方自行協調，約定由賣方修補瑕疵，那麼法律也不會禁止，但要記得簽具契約寫明。

2.房屋有瑕疵，不代表一定可以要求解約

買到有瑕疵的房子一定相當氣憤，是不是乾脆請求解除買賣契約，把房子退了、把錢拿回來另覓房屋最省事？其實不是每一種

房屋瑕疵都能請求解約，別忘了本文開頭第 3 段引述的《民法》359 條有個但書：「解除契約顯失公平者，買受人僅得請求減少價金」。

專長為不動產訴訟的林明忠律師就曾在個人專欄〈不動產律師教你買到漏水屋的處理方法〉當中提到，多數的滲漏水瑕疵，雖然會影響居住品質，但還是能夠居住，若據此要求賣方解除房屋買賣契約，可能就會被認為是「顯失公平」，因此買方為了漏水而告上法院，多只能要求「減少價金」。

3. 一旦發現瑕疵就要馬上通知前屋主

有人可能會想，反正瑕疵擔保長達 5 年，那麼就繼續忍受，等到漏水問題變得更嚴重，要修繕的費用更高，到時候向賣方求償，不是能拿到更多錢嗎？

千萬別用這種方法來占賣方的便宜，如果買方發現了瑕疵後，一直沒有讓賣方知情，根據《民法》第 356 條的規定（詳見不動產相關法規），會認定買方已經接受了房屋的漏水瑕疵，自然

不動產相關法規

《民法》第 356 條

1. 買受人應按物之性質，依通常程序從速檢查其所受領之物。如發見有應由出賣人負擔保責任之瑕疵時，應即通知出賣人。

2. 買受人怠於為前項之通知者，除依通常之檢查不能發見之瑕疵外，視為承認其所受領之物。

3. 不能即知之瑕疵，至日後發見者，應即通知出賣人，怠於為通知者，視為承認其所受領之物。

也沒有權利主張賣方要為瑕疵擔保。

4.在通知前屋主後，6個月內須向法院起訴主張權利

　　如果前屋主接到你的通知後已讀不回，或是雙方已經取得聯繫，只是來回協商卻遲遲沒有談好解決方法，你一定要記得，在「通知對方後的 6 個月內」採取法律行動，也就是向法院起訴，否則就會失去要求賣方瑕疵擔保的權利。所以千萬別耗太多時間

在跟前屋主協調，而忘了這 6 個月的時間限制。

5.找房仲居間施壓協調，較容易得知前屋主態度

買方發現瑕疵後，可以透過「存證信函」的方式告知賣方並提出要求。而房子是透過房仲公司購買，可不可以讓房仲業務聯絡賣方負責修理呢？

林明忠律師在前述專欄中提到，透過第三人（房仲業務）轉達會有幾個缺點，我簡單整理如下：

①容易讓請求的內容七折八扣，效果不清楚，未來也容易產生爭議。

②仲介一般對於《民法》不是很熟悉，不能完全了解買方的權利與賣方的義務。

③來回協商容易讓買方錯過時間，因為通知前屋主之後，向法院起訴的時效只有 6 個月。

找房仲居間協調確實會有這些缺點，但根據我的經驗，找房仲

幫忙也會有以下幾個好處：

①房仲業務收了你的仲介費，本就有義務要幫你聯繫對方，拿錢辦事是天經地義！

②通常房仲業務會比較清楚前屋主的居住地和作息時間，容易找到人。

③先透過房仲業務得知賣方的處理態度，也才能進一步決定要不要採取法律行動。

④找律師成本高，找房仲業務，免費！

所以大家可衡量個案情況，決定要找律師還是房仲業務。

瑕疵情況嚴重、價差大，才有機會判決解約

至於有哪些房屋的瑕疵情況已屬太嚴重，就算修繕過也住了不安心，可考慮直接請求解除契約？我大致整理如下：

1. **海砂屋**：有大面積的鋼筋外露，同時壁癌、漏水情況嚴重，

有居住安全上的疑慮。

2.**輻射屋**：長久居住可能對身體健康造成危害。

3.**買入時不知情，事後發現曾是凶宅**：對心理健康可能有長久
影響。

4.**發現嚴重的施工瑕疵，或曾因自然災害如地震，使房屋出現
結構問題**：有居住安全上的疑慮。

也就是說，你要能夠舉證房子的瑕疵的確達到不堪居住的程
度，或前屋主有惡意隱匿房屋的重大瑕疵、涉嫌惡意詐欺的情況，
到法院起訴請求解除買賣契約的勝訴機會才會比較高。

若只是一般常見的滲水、漏水，或是周邊有嫌惡設施，抑或是
情況不嚴重的類凶宅等程度較輕的瑕疵，一般來說，法院不會判
決可解除買賣契約；主要是因為法院還肩負維護社會安定的責任，
如果動不動就判決解除買賣契約，可能會影響到整體社會秩序。

第17課
行動3》遇重大且惡意欺瞞行為
買方可提告詐欺罪

一般來說，買到有瑕疵的房子，多半屬於瑕疵擔保之民事糾紛。但是在特定的案件裡，若賣方有重大且惡意的欺瞞行為，則可能構成《刑事訴訟法》（以下簡稱《刑法》）裡的詐欺行為，買方可以提出詐欺告訴。我們先看以下台灣高等法院這個有關海砂屋的判決：

2017 年 6 月底，某甲看中某乙的房子，表達購買該房屋的意願並支付定金。付完定金後，某乙主動提議把房屋送去專業機構進行氯離子檢測，並自行委託工程顧問公司進行測試。

工程顧問公司採樣 8 件，並於同年 7 月 10 日交付檢測報告，

結果全部都超標（檢測結果為 0.677 ～ 1.735 kg/m³，都超過該房屋所適用的 1994 年所修訂 CNS 3090 的氯離子含量標準 0.6kg/m³）。

　　但是某乙隱瞞全部的事實，在約定的簽約日之前，僅告知某甲，只有 2 處氯離子含量試驗結果輕微超標，並提供這兩件報告以取信對方，卻隱匿還有其他 6 處檢測結果都超過 1 kg/m³。某甲在不知情之下，以 2,250 萬元之價格，於同年 7 月 17 日與某乙簽定房屋買賣契約。一直到某甲開始裝潢房子時，發現房屋的混凝土有異，自行採樣送驗後，才發現氯離子嚴重超標，因此提告某乙詐欺。

　　某乙則辯稱，海砂屋檢測並非買賣房屋時必須做的事，買方沒有要求，是他自己去檢測的，並說當時有告訴買方 8 件檢測結果，只是隨機交付了其中 2 件試驗報告，且買方既然看了報告知道有兩件測試結果超標，還是願意購買房屋，因此某乙並不承認有詐欺行為。某甲則指證歷歷表示，某乙並未告知另外 6 件嚴重超標的試驗結果，明顯是刻意隱匿。

　　法院最後判決某甲勝訴，某乙犯有詐欺罪。法官判決的理由是：某乙所交付的 2 件試驗報告是 8 處試驗當中最輕微的 2 項，讓某甲誤以為房子的氯離子超標情況在誤差範圍內，某乙的行為已造成刻意誤導。

　　此外，房屋的經濟價值高，內政部契約範本已將房屋若有經過氯離子檢測，屬交易上重要資訊，列為必要填寫的事項，而某乙故意不告知，已經構成《刑法》第 339 條第 1 項的詐欺取財罪（本判決資料來源為台灣高等法院民國 108 年度上易字 304 號）。

滿足2條件，詐欺罪才會成立

　　我們來看看《刑法》第 339 條第 1 項的詐欺取財罪（又被稱為普通詐欺罪，以下簡稱詐欺罪）是怎麼規定的，「意圖為自己或第三人不法之所有，以詐術使人將本人或第三人之物交付者，處 5 年以下有期徒刑、拘役或科或併科 50 萬元以下罰金。」

　　也就是說，如果對他人施以詐術（例如上述判決中，賣方只向

買方透露部分試驗結果，刻意隱匿其他嚴重超標結果，讓買方誤以為該房屋都僅有輕微超標），使他人誤信事實導致判斷錯誤，進而交付錢財，使自己取得利益者，就會視為詐欺罪成立。

所以，在房屋買賣的瑕疵糾紛案件中，詐欺罪的成立，往往發生在有重大價格落差的情況，尤其是不為人知的重大瑕疵。受害的買方若要提出告訴，要掌握 2 個重點：

1. 能證明賣方施以詐術，誤導買方做出錯誤判斷；包含告知不實資訊、消極隱瞞而不告知真實資訊都算。
2. 能證明賣方獲取不當利益、買方產生財務上的損失。

至於重大瑕疵雖沒有嚴格定義，倒是可以參考前文（第 16 課）最後所列出那 4 大項、法官可能判決解除契約的重大瑕疵。像是凶宅，雖然依照內政部的房屋現況說明書範本，凶宅嚴格定義的其中一項條件，是「賣方持有該屋產權期間發生兇殺或自殺死亡」，但若是屋主知道前一手交易即為凶宅，在買賣的時候沒有在房屋現況說明書上註記，刻意不告知，也是有詐欺的嫌疑。

若只是一般比較常見的房屋漏水，依照現有的防水技術及材料的更新，漏水要修好並不是很困難的。就算前屋主因為房屋漏水，在重新裝潢過程中有修繕的動作，可能看似掩蓋漏水的事實，但前屋主可以說自己是為了修繕房屋、提高房屋整體賣相，法官要因為賣方修漏水屋判決他詐欺罪，成立的機率可以說是非常低。

請求損害賠償範圍包括財產及精神上

至於買方可不可以請求財物及精神上的損害賠償呢？須符合 2 大要素：

1. 要證明賣方是故意及過失，造成不能履約。
2. 要證明自身的損失（包括財務上及精神上的），是賣方不履約所造成的。

房屋買賣契約的成立，來自契約自由、私法自治的精神。也就是說，買賣雙方得依據自己意思與他方締結契約，締結契約後應予履行；但如果賣房的一方因故意或過失而無法完全履行，即構

成法律上所稱的「債務不履行」。

　　債務不履行這幾個字，一般人不是很容易了解。我們這樣解釋好了，當買賣契約成立後，買方已經付錢（至少簽約金及頭期款）給賣方了，賣方有義務要給付商品，所以買方是債權人，賣方是債務人，買方指控賣方沒有履行債務，法律上稱為「債務不履行」，或是「不完全給付」。

　　此時，就可依《民法》第 227 條：「1. 因可歸責於債務人之事由，致為不完全給付者，債權人得依關於給付遲延或給付不能之規定行使其權利；2. 因不完全給付而生前項以外之損害者，債權人並得請求賠償。」而這就是買方可請求損害賠償的法條依據。

　　套用在房屋買賣契約裡，可歸責於債務人（指房屋賣方）的事由（房屋的瑕疵），造成給付遲延（交屋時間遲延），或給付不能（房屋無法完成過戶交屋），債權人（買方）可以請求賠償。

　　但請切記，買方主張債務不履行，必須是「賣方因故意或過失，

未依契約內容履約」，如果是因為不可抗力的天然災害等因素，造成房屋賣方無法履約，買方是不一定能夠請求賠償的。

另外，如果買方有精神上的損害，比如說買方已經住在裡頭，才發現房屋瑕疵，造成夜不成眠、無法工作；或是因生命安全受到威脅、被迫必須搬離居住地，而產生其他支出，買方可以向賣方要求「損害賠償」嗎？答案是可以的。

這要看到《民法》第 227 條之 1 了：「債務人因債務不履行，致債權人之人格權受侵害者，準用第 192 條至第 195 條及第 197 條之規定，負損害賠償責任。」

這其中的「人格權受侵害」，就是指因房屋瑕疵，造成買方生命、身體健康之損害，可以向債務人請求賠償撫慰金。也就是說，依據前面 2 項法條的規定，買方可以請求損害賠償範圍包括 2 大部分：

①買賣標的物（房子）本身瑕疵造成價值減少的部分。

②買方因買賣房子之瑕疵，所衍生之其他生命、身體、健康之加害損害。

依最高法院的一份判決指出，依債務不履行規定，請求賠償非財產上之精神撫慰金，準用《民法》第 197 條第 1 項：「因侵權行為所生之損害賠償請求權，自請求權人知有損害及賠償義務人時起，二年間不行使而消滅，自有侵權行為時起，逾十年者亦同。」所以若要向賣方請求精神損害賠償，切記要在發生後 2 年內提起訴訟。

第18課
行動4》找房仲居中協調
避免勞民傷財打官司

看到這裡，大家可能會深深覺得，法律對房屋買方還是頗有保障的……且慢，恕我無情地制止大家的美好想像，因為千萬別忘了，不管是：1. 要求房屋賣方減少買屋價金；2. 想要解除買賣契約；3. 告原屋主詐欺；4. 請求損害賠償等等，上法院打官司都是必要的程序！然而，打官司是非常勞心費時、勞民傷財的。

通常找律師一個審級（例如起訴、一審、二審），最便宜也要8萬元起跳，你不會希望律師用小時計費的，因為1小時的牌價都要5,000元起跳。

而且，像房屋瑕疵情況的鑑定、房屋價值減少的鑑定，若要找

法院核可的專業機構，費用並不便宜，從幾萬元到幾十萬元都有可能，這筆錢也必須由原告先墊付。最可怕的是，打官司耗時甚久，時間常常以年為計算單位，比如說打完一審官司要花費 1 年，要打第二審官司得再花 1 年。

所以，如果房子的瑕疵不是非常重大，還是要衡量看看告官的效益。比如說，房屋漏水，花幾萬元就可以修好的，你去打官司所需的成本，和必須投入的時間、精力、心神非常不相當，這就不太建議走上訴訟途徑。

但是，買到一個漏水屋，買方一定不甘心，當然還是要找前屋主負責，這時候房仲公司及業務員的角色就非常重要了。

仲介有負所託，需連帶賠償且不能請求酬勞

我們在前面第 15 ～ 17 課裡，談的都是買方和賣方在法律上「買賣契約」關係，而買方和仲介之間，在法律上則是成立「居間契約」關係。

不動產相關法規❶

《民法》第 567 條

1.居間人關於訂約事項，應就其所知，據實報告於各當事人。對於顯無履行能力之人，或知其無訂立該約能力之人，不得為其媒介。

2.以居間為營業者，關於訂約事項及當事人之履行能力或訂立該約之能力，有調查之義務。

　　擔任居間仲介的不動產經紀業者，依據《民法》第 567 條規定，負有對委託事項盡法律上調查及就其所知據實報告的義務（詳見不動產相關法規❶）。

　　此外，「不動產經紀業管理條例」也規定，如果仲介業務員幫忙賣方隱瞞房屋瑕疵，或是未詳盡調查屋況，造成買方的損害，不但不能向買方請求報酬，依據該條例第 26 條規定，不動產經紀業者也必須與經紀人員一起，負連帶賠償責任（詳見不動產相關法規❷）。

不動產相關法規❷

「不動產經紀業管理條例」第 26 條

1. 因可歸責於經紀業之事由不能履行委託契約，致委託人受損害時，由該經紀業負賠償責任。

2. 經紀業因經紀人員執行仲介或代銷業務之故意或過失致交易當事人受損害者，該經紀業應與經紀人員負連帶賠償責任。

3. 前二項受害人向中華民國不動產仲介經紀業或代銷經紀業同業公會全國聯合會請求代為賠償時，視為已向基金管理委員會申請調處，基金管理委員會應即進行調處。

4. 受害人取得對經紀業或經紀人員之執行名義、經仲裁成立或基金管理委員會之決議支付後，得於該經紀業繳存營業保證金及提供擔保總額內，向中華民國不動產仲介經紀業或代銷經紀業同業公會全國聯合會請求代為賠償；經代為賠償後，即應依第八條第四項規定，通知經紀業限期補繳。

仲介公司不得以定型化契約排除調查義務

我前面也曾寫到，房仲業務既然收了仲介費，就有義務要幫忙

居間聯繫，且有房仲業務居間協調的好處是，他比較清楚賣方住在哪裡以及其作息時間，比你容易找到人，照理說可以更快地進行協調。同時，也可以透過房仲業務打聽賣方的態度，讓你更好評估要不要採取法律行動。而且，只要你找上律師就要付費，而找原來服務你的房仲業務，自然是免費的。

《民法》裡頭已經明確規範了居間人的調查義務，但某些房仲公司（尤其容易發生在規模比較小的），可能會在「委託銷售契約書」或是「買賣契約書」中，制式化寫上：「日後不論房屋是否為海砂屋、凶宅、漏水屋等瑕疵，皆與 XX 仲介公司無關」等文字，企圖利用特約免除，或排除調查義務，難道真的可以用這一招閃責任嗎？

當然不行，這是牴觸法律而無效的。雖然《民法》規定，若屋主從實告知瑕疵時，可特約免除瑕疵擔保的義務，但卻完全沒有寫到居間人可免責的情況，所以仲介公司當然就不能以特約的方式，來排除自己應負的調查義務。

Part 3

第19課
行動5》慘遇黑心房仲
3步驟申訴自救

　　前面我們談到,發現新買的房子有瑕疵,最好先找房仲公司幫忙溝通協調,請前屋主出面負責。此外,房仲也有連帶責任。

　　如果你最初委託的是良心房仲,這時候就可以發揮很大的作用,為你節省很多心力。如果不幸遇到不良房仲,保證你氣得跳腳。倘若你已經善意溝通,房仲公司還是不理你、不願意替你解決,該如何透過向行政機關的申訴、替自己找回公道?我在內政部統計的房仲爭議申訴資料處理結果中,隨便找一個例子如下:

　　案情說明:消費者透過仲介購屋,交屋後發現屋頂有滲漏水情形,惟買賣契約中之房屋現況說明書未載明相關情事,消費者遂

194

不動產相關法規

《消費者保護法》第 43 條

1. 消費者與企業經營者因商品或服務發生消費爭議時，消費者得向企業經營者、消費者保護團體或消費者服務中心或其分中心申訴。

2. 企業經營者對於消費者之申訴，應於申訴之日起 15 日內妥適處理之。

3. 消費者依第一項申訴，未獲妥適處理時，得向直轄市、縣（市）政府消費者保護官申訴。

主張業者所陳事實（無漏水）與現況不符，要求須負責完成漏水勘驗、修繕未果，遂生爭議。

辦理情形與法令依據：案經依《消費者保護法》第 43 條（詳見不動產相關法規）規定，函請仲介業者於 15 日內妥適處理，經地政局多次與消費者及業者溝通協調後，雙方達成協議，由業者自仲介服務費內退還 8 萬 2,400 元予消費者作為修繕費用，解

決爭議。

　　看到這個例子大家應該很清楚，買方如果發現房屋現況說明書沒有載明的房屋瑕疵，是可以要求居間仲介的房仲公司拿出（或說退還）仲介費來處理的。申訴步驟我拆解如下：

若房仲不願處理，可向房仲總公司、消保會投訴

步驟1》遇到不合理事件，先寄申訴函到房仲總公司

　　為什麼要先向總公司投訴呢？讀者一定會說，投訴到總公司沒用的，他們一定會護短的啦！事實很可能如此，然投訴到總公司是申訴的第 1 個必要動作，因為必須向主管機關證明你已經向該公司反映，但總公司不理你，主管機關才會幫你發公文督促他們處理。

　　在 C 家案件中，房仲說要簽約當天，我也請 C 盡速在晚上寄出申訴函到該房仲的申訴信箱，第 1 個原因是，房仲已經通知買方當晚 7 點要簽約，寫一封正式的投訴信，代表我已有事先通知

對方，不要讓對方說我們無故不到場簽約。第 2 個理由就是，這是向消費者服務中心投訴前的必要基本動作。

我轉貼當時 C 撰寫的申訴函內容如下，供大家參考：

在 3 天前突然得知近 90 歲高齡、行為能力不足的父母，在未有理智清楚的家人陪同下找了貴公司 XX 分公司賣屋，因未有充分時間了解行情與權益，在極短時間及房仲方催促下，以不合理的條件賣屋。由於老人家心情與思緒混亂，經子女不眠不休在 3 天內重新梳理此案，發現貴公司房仲有以下重大問題：

1. 房價的評估，並未與家人達成共識，且價格未含頂加。

2. 對於房仲的訂價，老人家認為太低，有打電話請他們撤掉底價，但對方無作為，現就以買方出價有高於底價，要求我們必須成交。

3. 整個委託到議價過程，房仲以人海戰術、臨時急約 push 兩

位老人家外，且似有偽裝其他同業直接打給老人家（老人家的手機），要用很低的價格買，迫使老人家誤判房子的市場價值，而急於用房仲設計的價格賣房。

4.因老人家實不想賣房，但已被硬推著要賣，還以不賣要賠償等軟威脅，讓老人家心生害怕而不敢不賣，又擔心家人無處可住，詢問可否多給時間，房仲竟遊說老人家向屋主回租，以達快速成交的目的。

5.屋主是爸爸，委售是媽媽簽，到了要成交才再緊急找爸爸補簽同意書。

6.從委託到賣房，前後才兩個星期都很急迫，即使正常人都無法在短時間看完合約、評估賣房條件，更無法好好確認家裡是否適合賣房等問題，似趁老人家才剛動完重大手術，判斷力和心意都脆弱，達房仲利己賣屋的私欲。

7.合約應有審閱期，然未告知當事人權益，並給予時間審閱；

父親眼看不見，也未逐條解釋合約內容，父母實際不知合約實際內容。

因父母處於極不公平、資訊不對稱的情況，我們堅持此案不成立，無法簽約也無法支付任何費用。

請貴司嚴察

案號：（此案在該房仲網的案號及地址）

案主及聯絡電話：C 女士全名、身分證字號及聯絡電話（09XXXXXXXX）

步驟2》上網填寫消費者爭議申訴資料表

在寄出向總公司投訴的信函之後，第 2 個動作就是向行政院消費者保護會、內政部消費者保護專區，或各縣市政府消費者服務中心投訴，都可以，惟最後仍會回到各縣市政府，由各縣市政府法務局先處理。可直接到前述單位的網站上填寫個人資料及申訴內容並送出（詳見文末圖解教學），或下載表格填寫後郵寄至縣

市政府的消費者服務中心，或是親自到現場辦理。

步驟3》等待房仲公司來跟你協調和解

填寫完「消費者爭議申訴資料表」寄出之後，就等著房仲公司來與你洽談和解了。

實例》入住後方知附近將蓋電塔，申訴討一半仲介費

我們家人就發生過一次透過消費者服務中心追回公道的例子。大概在 5 年前，室友 S 先生在台北市南區靠近山邊買進一間透天厝，平日讓室友的媽媽和外傭居住，假日時室友及小孩才會過去，一邊度假，也兼陪奶奶。

因為 S 先生從以前買房子，就很在意住家附近有沒有電塔這件事，認為電磁波對身體健康和精神一定會造成壓力。他比較相信形而上的東西（至於是不是真的會有，是每個人的信仰問題，我們在這裡暫不討論）。當然，電塔也屬於嫌惡設施的一種，所以他在購入這間房子前，一再向房仲業務確認附近每一座電塔的位

置，也測量了電塔與房子實際的距離。

　　結果入住大概 5 個月後，S 先生參加住戶區權大會（區分所有權人會議），得知原來住家附近很久之前預定要蓋一座新的電塔，只因為鄰近幾個社區及里長一再陳情抗議，造成延後動工，不過看情況已無法阻擋，不久後就會開工。

　　S 先生非常生氣，他認為房仲業務 W 小姐已經經營在地長達 10 年，絕對不可能不知道電塔要興建的一事；且幾個社區的代表還曾經聯合里長去向議員請託，看能否撤掉此案。也就是説，在 S 先生買房子之前，電塔一事早已經吵得沸沸揚揚，眾所皆知。

　　於是他主動聯繫 W 小姐，表示已知道有新的電塔動工，他非常不滿，但 W 小姐完全否認自己在售屋時知情。

　　原本 S 先生想直接花錢找律師，對這家房仲公司和 W 小姐提告求償，但律師表示，這個官司要勝訴的話有兩個要件，一是要證明電塔興建對房價有直接的影響，造成買家的損失，而且必須

找到金額到底減損多少的例子，才有求償的明確衡量標準。二是，我們必須舉證，這房仲業務 W 小姐的確在賣房子的當時，對電塔興建一事是知情的。

但就像法律人常言，「舉證之所在，敗訴之所在」，這兩件事要證明，的確都很不容易。因此律師建議先找當初的房仲公司協調，若真的求償不成，或求償所得金額與損失不成比例，才花律師費討論訴訟策略也不遲。

S 先生在網路上找尋各種可能的陳情管道，決定向消保會申訴。網路上也有大神提醒，向主管機關申訴前，首要、也是必要的動作是「先告知被申訴者」，描述事實經過與你遭受的損失，而做這個動作的意義是，代表你曾經與當事人溝通。

於是 S 先生找到該房仲總公司網頁上的客戶申訴信箱，寫信過去，留下電腦紀錄（而這也是在序章裡提到 C 家案件發生時，我要 C 當晚就把來龍去脈寫清楚，寄到總公司申訴信箱，留下紀錄的原因）。

　　然後 S 先生就到網路上直接填寫了前文所述的「消費爭議申訴資料表」。他填表的日期是某年的 5 月 7 日；很快地，他在 5 月 9 日就收到台北市政府法務局（因為台北市政府消費者服務中心隸屬於法務局）寄到家裡的公函副本掛號，而正本就是通知該房仲業者的主管機關——台北市政府地政局。

　　這份公文主要有 2 個重點：

　　1. 依照市政府制定的消費者申訴流程圖，這屬於第 1 次申訴程序，依規定是先移送企業經營者（房仲業者）的主管機關地政局處理。

　　2. 本案已列入人民申請案管考（管制考核）。要請地政局在 30 天內妥適處理完畢後，把處理結果副知法務局。

　　台北市政府網站上的「第 1 次消費爭議申訴作業流程圖」（詳見圖 1），為 2022 年 2 月的最新版本，每一階段也都有寫明處理的天數。基本上是消費者服務中心收件後，會送交被申訴企業的主管機關；而主管機關會函請申訴人及被申訴企業協商，且無

論有沒有達成和解，協商流程需在 30 天內完成（在 5 年前 S 先生收到的流程圖版本，並沒有設下處理的日期限制，只有公文裡有說明，要求主管機關要在 30 天內處理完畢）。

如果企業經營者和消費者，不能在第 1 次消費爭議申訴作業期間自行達成和解（總處理時限是 55 天），將會進入第 2 次消費爭議申訴流程（詳見圖 2），也就是由消保官出面，請兩造出席進行協調。如果再不能達成和解，那麼消保官會教消費者其他救濟途徑。

回到 S 先生的案子。接到法務局的公函之後大約 1 週，S 先生就收到台北市政府地政局發出的公函，發文日期是 5 月 15 日，正本當然就是寄給被投訴的房仲總公司，副本是給 S 先生。

公文主旨大概是，請房仲公司「在公文到達 10 日內，就申訴人申訴事項妥適處理，並將結果函復地政局」。另外，還要求房仲公司把這次購屋案的委託銷售契約書、買賣契約書及房屋現況說明書影本各 1 份送達地政局，並敘明經過情形供地政局參辦。

第1次申訴時，案件會被移送至主管機關
第1次消費爭議申訴作業流程圖

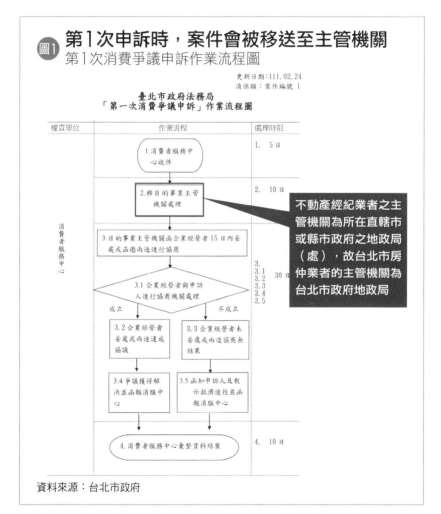

更新日期：111.02.24
消保類：案件編號 1

臺北市政府法務局
「第一次消費爭議申訴」作業流程圖

權責單位	作業流程	處理時限
消費者服務中心	1.消費者服務中心收件	1.　5 日
	2.移目的事業主管機關處理	2.　10 日
	3.目的事業主管機關函企業經營者 15 日內妥處或函邀兩造進行協商	3. 3.1 3.2 3.3　30 日 3.4 3.5
	3.1 企業經營者與申訴人進行協商機關處理	
	3.2 企業經營者妥處或兩造達成協議（成立）	
	3.3 企業經營者未妥處或兩造協商無結果（不成立）	
	3.4 爭議獲得解決並函報消服中心	
	3.5 函知申訴人及教示救濟途徑並函報消服中心	
	4.消費者服務中心彙整資料結案	4.　10 日

不動產經紀業者之主管機關為所在直轄市或縣市政府之地政局（處），故台北市房仲業者的主管機關為台北市政府地政局

資料來源：台北市政府

205

不得不說，市政府訂下 SOP 之後，發公文及處理的速度真的滿快的。

而限時處理回報，也是對房仲公司的關鍵殺手鐧。大家都知道，談判最忌其中一方急著要有結果，而且是要回報給主管官署的，這對房仲業者來說鐵定棘手的。

果不其然，這家店的店長很快就聯繫 S 先生，希望約時間見面進行和解。但 S 先生因為心裡很「不爽」，表示不願意見面談，只在電話裡問店長準備怎麼賠償？店長第 1 次電話裡，先主動提出補償 3 萬元現金的條件；S 先生不同意，因為他認為所承受的損失遠大於此。

因為有時限的壓力，房仲店長當然沒有放棄，一直來電表示很有誠意要見面溝通。但 S 先生一直沒有跟店長或業務員見面，只願意接電話；於是，店長就每日都撥電話來道早安及晚安。隔了大約 1 週，店長知道 S 先生不見面的心意已決，於是二度開價，說要退還 25 萬元的仲介服務費（以下簡稱仲介費），這大約是

第2次申訴時，消保官會出面協調

第2次消費爭議申訴作業流程圖

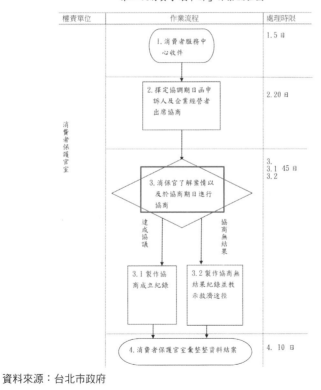

更新日期：111.02.24
消保類：案件編號 2

臺北市政府法務局
「第二次消費爭議申訴」作業流程圖

權責單位	作業流程	處理時限
消費者保護官室	1. 消費者服務中心收件	1. 5 日
	2. 擇定協調期日函申訴人及企業經營者出席協商	2. 20 日
	3. 消保官了解案情以及於協商期日進行協商 達成協議　協商無結果	3. 3.1 45 日 3.2
	3.1 製作協商成立紀錄　3.2 製作協商無結果紀錄並教示救濟途徑	
	4. 消費者保護官室彙整整資料結案	4. 10 日

資料來源：台北市政府

207

當時 S 先生付出的一半仲介費。

　S 先生大概打聽過，知道一般房仲處理 Trouble Case（麻煩案件）的基本上限，就是一半的仲介費收入，加上之前詢問過律師，了解嫌惡設施對於房價的減損可能比較難認定；最重要的是，他不想每天被對方電話騷擾，而且案件若到下一程序，由消保官出面協調的話，S 先生還是得見到店長和 W 小姐，這是他最討厭的，所以最後同意接受 25 萬元的賠償金。

　W 小姐立馬飛車到 S 先生住處簽下和解的協議書，這份協議書是房仲公司事先打好字準備的，我把重要資訊塗黑，提供給大家看（詳見圖 3）。

　當然，協議書內容裡面，最重要的就是第 3 條，要 S 先生撤回申訴。房仲公司還在協議書裡承諾一個附帶優惠，說若日後 S 先生委託這家房仲公司銷售本標的時，同意僅收取成交價格 1% 之仲介費。但我個人認為啦，這條是假動作，這麼低的仲介費，真的會有業務員認真帶看賣房嗎？果然，這故事還有後話。

與房仲和解，協議撤回申訴
協議書內容

協 議 書

立協議書人：██████████　　（以下簡稱甲方）

██████████████████　（以下簡稱乙方）

緣甲方經由乙方居間仲介，承購座落於████████████
號 之建物及其應有土地持分（下稱本標的），並於民國（下同██████
日簽立不動產買賣契約，嗣於██████████完成交屋。今就「本標的買
賣服務」乙事，雙方達成協議如下：

一、甲方簽署銷折單新臺幣██████████及完成本約第三條事宜後，乙方
　　同意退還甲方已付之服務費██████。乙方應於本協議書簽訂並完
　　成前述事宜後 10 個工作日內，將前揭全額款項，存（匯）至甲方以下帳戶
　　（銀行：＿＿＿＿＿、分行：＿＿＿＿＿、帳號：＿＿＿＿＿＿＿＿＿、
　　戶名：＿＿＿＿）內。

二、雙方同意，日後若甲方委託乙方銷售本標的時，乙方同意僅收取成交價格
　　1%之仲介服務費用。

三、本協議書簽訂後，甲方同意撤回████████台北市政府地政局發文字
　　號：北市地權字第████████號函之申訴事宜。

四、本協議書簽訂同時，雙方一切爭議已獲圓滿解決。任一方同意不再就本件
　　居間向他方或他方受僱人提出行政或司法上一切請求或爭訟；甲方亦同意
　　本案不再適用乙方提供之六大安心服務保障辦法。

五、雙方均係在自由意識下經協商溝通後，秉持誠信達成協議，對本協議
　　書內容均已充分了解，並慎重同意上述解決方案，日後不得再持其他
　　理由反悔不履行本協議書內容。

六、本協議書壹式貳份，由甲、乙雙方各執乙份為憑，俾茲信守。

羊毛出在羊身上，和解金只是當初被忽悠走的錢

各位讀者看到這裡，想說我們拿回一半的仲介費 25 萬元，也就是當初付了 50 萬元的仲介費，S 先生是買了一個價值 5,000 萬元的豪宅？真是財力驚人？事實上，非也。

這也是一個很不想自己揭開的瘡疤。就算 S 先生買賣房子次數比別人多很多，經驗算豐富，當初買這個別墅，卻硬是被 W 小姐拗了買方 2% 的仲介費。W 小姐的說詞是，因為賣方不肯降價賣，所以不肯給足仲介費，所以要買方（S 先生）補仲介費趴數，房子才能成交。S 先生就被這個話術給忽悠去了！那麼賣方到底付幾趴的仲介費呢？我問 S 先生，他說他從頭到尾都不知道。是不是讓人聽了又生氣又難過？

所以我說，去申訴拿回 25 萬元的仲介費這整件事，完全稱不上是「勝利」，反而是很傷心的事，因為這筆錢當初就是從 S 先生口袋付出去的啊。只能說我們一般的死老百姓、無辜的消費者，只能藉著向主管官署申冤，替自己取回小小的公平正義罷了。無

奈呀！

　　那麼，這件事的後話是什麼呢？好幾年之後，我們因為賣另外一間房子，和 W 小姐同一家公司的業務員想來爭取我們委託銷售，她把資料一輸入總公司，才發現 S 先生因為這個案子，被列入該公司的拒往客戶名單，而 W 小姐所填寫的理由是「S 先生是投資客」。

　　包括想接我們案子的該公司業務，和其他房仲同業聽聞此事後都認為，W 小姐是挾怨報復，或是想減輕自己的責任，才抹黑 S 先生。儘管 S 先生本人並不在意，且他本來就認為這家房仲公司不值得再往來，列不列拒往戶他無所謂。但是我要說，這位 W 小姐因為自己的故意或疏忽，讓消費者買到不喜歡的房子，被投訴後還要反踹客戶一腳，這種行徑，真的是「吃人夠夠」啊！

圖解教學 | 到消保會網站線上填寫申訴函

Step 1
前往行政院消費者保護會（appeal.cpc.ey.gov.tw），點選❶「線上申請」。

Step 2 按指示輸入❶個人資料、❷驗證信箱或手機號碼，驗證完成後需設定密碼。

行政院消費者保護會
Consumer Protection Committee, Executive Yuan

常見問答集

| STEP 1 | STEP 2 | STEP 3 | STEP 4 |
| 請輸入基本資訊 | 請輸入驗證碼 | 請填寫申訴內容 | 請選擇受理機關 |

·*為必填欄位。

E-MAIL或行動電話請擇一填選即可，

·請提供：1.真實姓名,以利受理機關與您聯繫。

　　　　2.可正常收發且常用之E-MAIL或行動電話以供系統驗證。

❶
* 當事人姓名：[　　　　　]　請輸入真實姓名

* 出生年月日：民國：[請選擇∨] 年 [∨] 月 [∨] 日

❷
*驗證方式：　○E-mail [　　　　　　　　　]

　　　　　　　若使用電子郵件驗證或忘記密碼等信件通知服務,收不到信件時,請先至垃圾郵件搜尋。

　　　　　　○行動電話 [　　　　　　]

　　　　　　　1.請提供於國內電信業者申辦之門號；本系統無支援國外電信業者門號及國際簡訊發送。

　　　　　　　2.若使用手機驗證或忘記密碼等簡訊通知服務,收不到簡訊時,請先洽手機電信業者確認是否有關閉阻擋廣告簡訊服務。

下一步

接續下頁

Step
3

點選❶「新增案件」，開始輸入詳細個人資料、❷要申訴的企業、❸申訴內容以及你的請求。最後一步是選擇受理機關，各縣市都有消費者服務中心，如果你要申訴對象的公司地址位於台北市，就選擇台北市政府消費者服務中心。

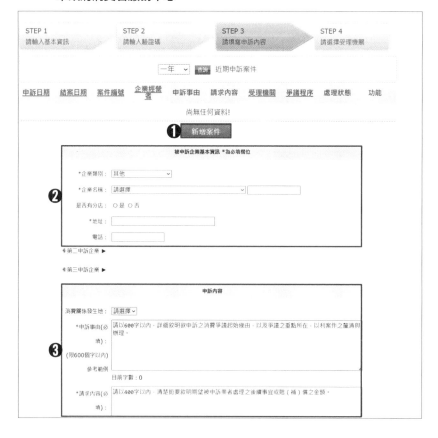

第20課
行動6》房仲不是吃素的
謹記談判時耍狠之必要

　　房仲業務員是流動率很高的,但能在這一行屹立不搖的,我要跟各位強調,他們絕對不是吃素的;所以,在跟他們「談判」時,一定要裝得你「肉吃更多」。

　　再分享另一個經驗,這次是還沒走到申訴那一步,房仲公司就主動退還一半仲介服務費(以下簡稱仲介費),但這並不是因這家房仲公司特別負責任,中間也歷經很多折衝和協調的;可能是因為我們與房仲業務周旋的經驗變多,最後能討回一點點公道。

　　這件事情就發生在 2021 年,當時我們想買一間比較大的房子把我婆婆接來一起住,看到一間華廈 7 樓的房子,往上加蓋部分

有兩層，建物專有部分權狀雖寫的是屋突，但與一般所見屋突屬於住戶共用的不同，是 30 年以上建物特有的「瞭望台」性質，權狀單獨屬於其中一個頂樓住戶。

事件起因》屋主與房仲聯手隱瞞房屋滲漏水問題

記得當時看房時是晚上，屋子是 20 多年前的裝潢，也就是原始屋況。因為燈光不是太明亮，可以明顯看到有一處天花板因為滲漏水，造成原有的裝潢木板有黃色水漬，而且已經突起往下掉。我們當時問：「漏水的地方只有這一處嗎？」當時代表屋主、也就是接到這個委託出售案的房仲業務員 H 小姐還特別強調，「對，就只有這一個地方，其他地方沒有，屋主沒有動過（指重新裝修來遮蓋），也不怕讓你們看！」

因為這個房子的條件很特別，總共可以使用 3 個樓層，且 3 層樓都有可通往梯間的對外門。這樣我們家和婆婆及外傭可以分住樓上樓下，彼此互相照應，但又有區隔。然後頂樓有一個大陽台，可以讓我兩個皮得要命的男孩盡情活動，就算拍球啦、跳繩啦，

嬉鬧追打吼叫什麼的，都不至於太吵到鄰居。

　　雖然對於漏水問題有疑慮，但因為反正房子都要重新拉水電管線、重新裝潢，所以我們認為應該不難解決；看房後才 1 個星期，也沒有二次看房，就決定出價斡旋，3 天後順利成交。

　　但完成付款移轉程序後，我們拿到鑰匙進到屋內嚇了一大跳，發現漏水的情況有非常多處，並不像房仲所言，只有 1 處漏水！有 3 到 4 處的水痕，是我們第 1 次晚上去看房時完全沒有發現的。

　　回想第 1 次看房子的時候是晚上，房子本身的照明不夠亮，二來是我們當時太相信前屋主和房仲業務員，覺得他們一定深知隱瞞的後果，所以不至於欺騙我們。但現下看起來，整個屋頂的防水處理都必須重做，才有辦法解決漏水問題。

　　沒想到有了多次買房經驗的我們，還是犯了錯。而前屋主以及代表賣方的業務員，想必也是想試試看能不能將我們矇騙過關，也不認為會踢到鐵板。

近年法規趨嚴，屋頂較少搭建瞭望台

「屋突」即屋頂突出物，建管法規有特別規定屋頂突出物的許可面積大小。在透天住宅中，因為可以在屋突之上另外設置水箱或電梯機房，所以通常會將屋突的空間作為神明廳或房間合法使用；而近年法規趨嚴，若是設置建物必要附屬設備者從寬，作為居室使用者從嚴，因此比較少再見到以往在屋頂搭建瞭望台，以預留違建之情形。現常見之大樓屋突為住戶共有部分，以大公持分，不屬於任何住戶專有，設置屋頂公用水箱，及電梯機房等。

而在 30 年以上的公寓或華廈頂樓比較常見這種俗稱「瞭望台」的設計，就是在頂樓上又多加一層有權狀的水泥結構空間，可設置神明廳或房間，在所有權狀裡列為「屋頂突出物」。瞭望台是不計入建物高度及層數計算的。瞭望台雖有權狀是合法的，但若往外擴建時沒有再申請建造執照者，則增建的部分仍屬違建，而存在於 1995 年之前的既存違建，管理規定也和目前的既存違建相同（可參考內政部 102.02.06 內授營建管字第 1020800935 號函）。

不過房仲或屋主，在帶買家看房時，經常利用一般人對建物專有名詞的理解有限，而刻意混淆視聽。像有的仲介，就會把頂樓加蓋寫成「瞭望台」，但瞭望台是指有所有權狀的，頂樓加蓋並不會有權狀。此外，像是有對外窗戶的地下室房子，也可能被仲介刻意美化說成「陽光屋」。因此買屋時，要特別留意這些仲介或是賣家的話術，要到現場看清楚，並仔細比對建物所有權狀的面積數字才行。

　　幸好，我們在簽訂不動產買賣契約的時候，有一個項目是要說明房屋漏水的情況，我要求賣方要寫清楚，是幾樓的哪一個方位、哪一個角落漏水。當時，我看前屋主和代表賣方的業務員臉上掠過一絲忐忑，欲言又止；我心裡就有不祥的念頭，果然，事後證明他們沒有完全對我們坦誠。我們趕快緊急聯絡了代表我們買方的房仲業務員，告訴他房子漏水情況比契約書上面寫的嚴重很多，同時把其他漏水的每一個地方，都拍照存證下來，並傳給業務員，請他們公司要出面負責。

　　跟我們聯繫介紹看房、為我們買方服務的業務員，是年紀不到 30 歲的 L 小姐，算是房仲業裡面比較不油條、且尊重買方想法、也盡量使命必達的業務員。L 小姐聽到我們的描述，馬上反映給店長，店長也隨即聯絡我們，表示要居間協調前屋主賠償修漏的金額，約了隔日見面商談。

　　房仲店長來到我們住處，我們在樓下交誼廳碰頭。店長說，已聯繫前屋主，但前屋主只願意付 2 萬元修漏，而瑕疵擔保責任原本就是前屋主要負責的，他會盡力協調前屋主再付多一點。

　　我聽店長這麼說相當不滿意，我跟他說：「不是金額到底是幾萬元的問題，而是你們要把漏水的狀況徹底解決。」我也指責他們的業務員沒有誠實告知。我說：「當初你們家的業務員 H 小姐（指代表賣方、受賣方委託賣房的那位）在我們去看屋時還口口聲聲說：『只有這一塊面積有漏水，屋主本來想稍微整修，讓漏水看不出來，但我們建議他就完全坦承給買方看⋯⋯』H 小姐前前後後帶看這個房子很多次了，不可能不知道房子其他地方也有漏水，我們是相信你們家的業務員，才只在晚上看一次就決定下斡旋，你們實在讓我太失望了，就算賣方不付錢修漏，你們也要負連帶責任，和賣方一起負責。」

　　店長於是承諾再回去溝通，離開前連聲說：「陳小姐您放心，一定處理到你們滿意。」

談判過程》軟硬兼施，即便店長口氣強硬也不退縮

　　過了 3 天，我又接到我們這邊的業務員 L 小姐的電話，說店長想再來找我協調。這次我跟室友 S 先生沙盤推演，說好了這次他

得要加入了——我扮白臉、主要在旁邊勸和，要雙方好好談；他扮黑臉，聲明寫申訴信告官。而我們的最終底線是：他們若是不願負責把屋頂及陽台防水全部重做，房子我們不買了。

　　第 2 次見面，我先下樓，店長語氣強硬地提出他建議的解決方案。他說，房屋原本就是前屋主要負責瑕疵擔保責任，他們店很有誠意，會先墊付 10 萬元讓我們修繕漏水，之後他們會再向前屋主索討，看雙方如何切分。

　　我先問，這 10 萬元是如何估價的？我們做過類似的防漏工程，這筆錢根本不可能做完全部的防漏防水。我知道在房仲公司能當到店長，絕對不是吃素的，不會是省油的燈。所以我也不生氣，冷靜沉穩地再說了一次我們的要求：

　　1. 重做防水，徹底解決漏水問題。
　　2. 房仲公司也有疏失，要連帶負責。

　　這時候，室友 S 先生穿著拖鞋走進來。我必須說，S 先生耍狠

是滿在行的；或是説，是他內建的 DNA，並不是刻意「耍」出來的，哈！

　　店長再對他説了一次 10 萬元的解決方案，口氣依然相當強硬。S 先生沒等他講告一段落，就用力拍了桌子、直接打斷他説話，力道之大、讓桌子歪斜了一邊，而 S 先生手上一串鑰匙也順勢被砸在鐵製桌子上，發出「鏘鐺」的聲響，我相信店長和 L 小姐都嚇了一大跳。

　　S 先生接著大聲嗆這個店長，説：「我們之前是很有耐心地想聽你們的處理方法，沒想到你們只是應付了事。已經強調不是多少錢的事。你這樣浪費大家時間，我們本來不想把事情鬧大，想説可以解決就好，所以沒有到消保會投訴你們，你們再這樣，我花錢找律師都無所謂，一句話，就是撤銷買賣契約，房子我們不要了。」

　　説完，S 先生就拉著我起身離開，臨走之前，我望了這位店長，他已面色鐵青，而 L 小姐臉上則是寫滿無奈。

　　我回到家沒有多久，就接到 L 小姐的電話，她說店長已經同意把漏水完全修復，所有的費用，他們公司會和賣家一起分擔。至於修漏公司，如果由他們找，我們恐怕也不會放心，所以就由我們這邊找修漏公司，然後三方再一起確認最後報價。

　　我們於是多方詢問，找了兩家修漏公司到房子現場勘察，討論施工細節，最後決定委託一家位在桃園、施工後可保固 10 年的公司；這家公司經營時間長達 40 多年，二代接棒、與一代同時經營，網路上口碑非常好。報價單出來總共需花費 25 萬元，由房仲公司負責買單。我事後詢問，屋主以已經給付高額仲介費為由，最後只願意負擔其中的 3 萬元。

　　其實這房子除了漏水問題之外，更可怕的是白蟻。因為房子全部是原木裝潢，我們拆掉之後，發現有好幾個超巨大白蟻窩！而幫我們裝潢的工頭說，房子的白蟻長成這樣，原屋主絕對不可能不知道，因為這麼多白蟻，晚上一定會聽到牠們發出聲音。

　　依賣方要負瑕疵擔保責任，我們還是可以請求前屋主負擔幾萬

元的除蟲費用；不過，此時就遇到 COVID-19 疫情迅速轉壞，2021 年 5 月更升至三級警戒。我們為了安全上顧慮，就沒再聯繫房仲公司及前屋主了。

然而，就是這麼巧，前屋主委託的房仲公司的房屋現況說明書，完全沒有要求說明有無白蟻蟲害這一項。猶記得當時前屋主說，因為房子是他與其他親戚共有，為顯示沒有偏私哪家房仲公司，他挑了 3 家房仲公司簽訂委託出售合約。

我雖然沒看到其他 2 家房仲公司對於這間房屋的現況說明書，但實在高度懷疑，這屋主是特別挑了不用陳述有白蟻這一項的房仲公司，來委託售屋。

經驗都是教訓換來的，我們鎖定的既然是台北市的中古屋，就有心理準備會面臨老舊的屋況；當初我們也接受了只有一處漏水的缺點，只是沒想到仍遇到前屋主和他的房仲業務員刻意欺瞞。

我們受過的教訓，就是各位讀者最好的借鏡，看屋時可能會遇

到的陷阱防不勝防，尤其是在有高度意願購屋時，容易放大優點，忽視細節裡的魔鬼。但做足準備，總是能多添一份保障，別忘了在簽約時白紙黑字加入你在意的細節，了解自力救濟的方法，就可以少走一些冤枉路。

第21課

行動7》從8特質觀察
覓得良心房仲業者

　　所有書中提及出現糾紛的仲介公司的名字請容我保密，雖然這些都是真實發生的案例，但我寫這本書還是要考量自己和家人的安全。如果各位讀者真的要問我各家房仲業者的口碑，我建議大家動手查查看，例如台北市受理消費申訴案件的主管機關——台北市政府法務局，歷年都有申訴案件統計資料，大家可以看看哪些業者被申訴的比例比較高，並且仔細查看申訴的內容，看看都是因為哪些問題被申訴，空穴不來風囉！

　　雖然我們有好幾次令人不快的經驗，當然也有遇過良心房仲業務員。那麼，一個好的房仲業務員，應該具備哪些特質呢？我在這裡正面表列一下我的觀察：

1. 最好屬於該公司的直營店，而非加盟店。

2. 能夠清楚說明《民法》居間人（仲介）的法律責任，及「不動產經紀業管理條例」當中賦予業者的責任。

3. 會詳細且負責任地解說每一份合約的內容，以及說明各項重要條款。

4. 會詳細說明物件的房屋現況說明書內容，能仔細分析單一物件的優缺點。

5. 能掌握物件附近區域的成交行情動態，並對物件的價格做出精準的評估。

6. 有能力及足夠的專業訓練，查知建物內部各種瑕疵，及周邊生活機能、未來的重大交通建設，和潛在的嫌惡設施。

7. 不會迫使買賣任何一方在短時間內做出倉促的決定。

8. 不要弄銷售話術，誠實誠懇，體察客戶的需求、為客戶的立場著想。

而最最重要的是，讀者一定要熟記本書的各項提醒，這樣不管遇到哪家房仲公司，兵來將擋、水來土掩，絕不誤蹈黑心房仲的陷阱！

反例1》房仲競爭激烈，簽約之際竟當場搶走生意

這 1、2 年之間，兩大房仲龍頭品牌在媒體上互相攻擊，甚至不惜花大錢買版面，控訴對方的行徑。我實在要勸告諸家房仲業者，在指責別人之際，還是要多多反躬自省啊！

其實房仲之間就是利益的競爭。大家都知道，全台灣的便利商店相當密集，前 4 大品牌就高達 1 萬家以上；到便利商店可處理生活中大小事，數量之多可以理解。但是根據內政部的統計資料顯示，截至 2022 年 3 月底止，房仲數量（經紀業備查家數）就高達 8,028 家。我真心想問，台灣不過 2,300 多萬人，國人真的有需要這麼多的房仲門市嗎？說到底，還是因為這塊利益大餅讓人垂涎所致吧？

而台灣的「不動產經紀營業員」人數，在 2022 年 3 月底也高達 4 萬 8,982 人，快要逼近 5 萬人。業務員為了搶食業績而花招百出，前面幾章已講了很多，我再補充幾個令人瞠目結舌的故事，給大家當笑話聽。

有個專營新北市的房仲業務員抱怨，某家房仲（我們暫稱 A 公司）在該區的簽約室都是沒有電話訊號的。為什麼要收不到訊號呢？因為 A 公司習慣半途攔截別人的案件，害怕自家的案件也被「攔胡」，所以特地設計了這麼一個簽約室。

這個業務員回憶說，有次她撮合一個案件，買賣雙方談到晚上 12 點半已經準備簽約了，但是賣方突然說要接一個電話，就離開簽約室往外頭走。基於尊重、其他人也沒攔阻或過問，沒想到左等右等，這個賣方一直到凌晨 3 點都沒有回來，而且打手機電話也轉入語音信箱，打家裡電話也沒人接，完全失聯；業務員只能跟買方頻頻道歉，然後各自解散，先回家睡覺。

隔天中午，她終於聯絡上賣方時，賣方竟然跟她說，房子已經賣出去了，成交總價硬是比他們前一夜談定的多了 30 萬元；所以，這個賣方在離開第 1 家房仲公司之後，就是到 A 公司簽約賣房去了。

只能說 A 房仲公司的業務很厲害，事先從賣方得知他準備要去

簽約賣房，也掌握了看過房子的特定買方，然後在電話中得知對手已撮合出的價格後，硬是說服手上的買方加價攔胡。讓這個業務員氣得跳腳不已，卻又莫可奈何。

我聽了實在很好奇，A 公司到底是怎麼讓簽約室裡收不到手機訊號的，是加裝訊號干擾器之類的嗎？這個就不得而知了。

反例2》為爭取屋主信任，不惜爭功或抹黑對手

還有，如果委售的屋主簽的是「一般約」，而不是「專任約」（詳見 tips），同時會有好幾家房仲公司為同一賣方服務，這時候各種花招絕對讓你眼花撩亂。

屋主會特別容易接到其中一家房仲公司攻擊同業的訊息，例如，「XX 房仲帶看都不換拖鞋……」「廁所臭味很重，XX 房仲帶看使用廁所都不沖水，必須請同事特別打掃，同事洗廁所都快吐了……」之類的。或是特別容易邀功，非常勤快地掃地拖地板，然後再拍照給賣家看。

若售屋為一般約，屋主可委託多家房仲出售

「一般約」就是「一般委託銷售契約書」，屋主可以將房屋委託給多家房仲，屋主想要自售也可以。房屋可以在多種管道曝光，能接觸到較多購屋者，順利賣出的機會大。但是因為要接洽的房仲業務員多，需要面對業務員之間的勾心鬥角，況且，若看屋過程造成損害（例如不當使用廁所、忘記關燈、隨意動用屋內物品），就要花心力釐清責任歸屬了。

「專任約」則是「專任委託銷售契約書」，屋主跟該房仲簽約之後，只能由他們獨家銷售，也不容許屋主自行售屋。比較少屋主願意簽專任約，因為跟一般約相比，接觸的買方較少。不過，簽專任約有其優點，因為房仲擔起銷售的責任，多會更專心服務屋主，並盡力尋找適合的買家。

　　有一個例子很誇張，有家房仲的業務員半夜開門進去房子裡，打開水龍頭拍影片跟屋主說，其他同業帶看竟然忘記關水，自己很認真半夜來巡屋發現水沒關，自來水已經不曉得流了幾天。屋主本來想去查水表，向另一家房仲業務員求償，卻發現一度水都沒跳，就知道是業務員彼此競爭的小動作了。

　　還有業務員私底下給我看過某房仲公司的獎懲辦法（詳見表1），其中「協助客戶消費爭議有功」，意思就是，如果客戶和

其他房仲同業往來出現爭議或處理過程有瑕疵，若能幫忙客戶去向主管單位申訴或是向媒體投訴，就可以得到獎金。

同樣的，如果是自家案件被申訴到公部門，則會被大扣獎金。表中所謂「TB 案件遭社群媒體報導」，TB 是 Trouble 的縮寫，就是說如果爭議案件上了大眾媒體的話，要被記過，懲處最重。若業務員本身沒有疏失，要記小過 2 支以上；業務有疏失，要記大過 1 支以上。從這張表可以看到該公司的企業文化，重視媒體形象固然是好事，但鼓勵業務員讓同業被投訴、或是在媒體上丟臉，這樣的文化就滿「狼性」的；而具狼性文化的公司，難免會激發出業務員的狼性。

當然，我也遇過這家狼性房仲公司裡面好的業務員；我至今都非常感謝他。

大概 12 年前，我有次到台北市大安區瑞安街看一間有頂樓加蓋的房子。下樓後，外頭下起傾盆大雨，原本帶看的年輕業務員趕忙騎摩托車躲雨去了。我沒帶傘，只好站在路邊等雨停。正在

某房仲公司會獎勵業務協助客戶投訴同業

表1　某房仲公司獎懲辦法

項目	獎懲
協助客戶消費爭議有功	人員每次加1,500枚XX幣 店長每次加2,000枚XX幣
若案件遭申訴到公部門	人員每次扣2,000枚XX幣 店長每次扣3,000枚XX幣
TB案件遭社群媒體報導	小過2支以上，若有疏失大過1支以上

張望之際，另一位房仲業務員經過，看到我被雨困住，好意借我雨傘，並且說他的公司就在前面，他很快可以回公司、不會淋到雨。既然已經聊起來，我遂跟他說了我也在看房想買房。之後大概 1 年半之間，他把可能適合的案件傳手機訊息給我，陸續大概傳了近 20 間，但我大概只看了其中 1、2 間，都沒有特別喜歡。

　期間我歷經了懷孕、生產，產後待在坐月子中心時，我突然接到他的電話，聲音聽來很急切；他說，看到一間房子有電梯、車

位，總價又不貴，在我喜歡的區域，要我一定要立刻抽空去看。

當時我剛生產完，肚子還縮不回去，只能穿著孕婦裝去看屋。一看果然很喜歡，立馬下斡旋，當時還有另一組投資客也出了價，但這個房仲業務員非常認真地幫我跑了好幾趟，懇求屋主把房子賣給我們一家四口，包含一個新生的小寶寶。我們最後順利買到這間房子，我很謝謝這個姓金的前屋主，更感謝這位劉姓業務員。

大概搬進房子 3 年後，我們家又有買賣房子的需求，第 1 個就想到他，再撥他的手機，他告訴我已經轉行，回中部種田去了！

巧人食人愈吃愈瘦，不肖仲介快放下屠刀吧

快到 Part 3 尾聲的這一刻，我剛好讀到證交所前副總在臉書上分享的一篇文章，十分符合我想對仲介業務朋友說的內心話，謹把大意記錄如下：

台語有句俚語，「巧人吃人，憨人吃天吃地」。巧人就是指聰

明的人，他總是想吃別人（貪別人的便宜），最後沒有人相信他、沒人願意被他吃，所以「愈食愈散（台語瘦的意思）」。而憨人腳踏實地傻傻地幹，老天爺總是會眷顧他，受天地供養無窮！

有個老實的銀行理財專員，因為不敢賣黑心商品，在公司的業績敬陪末座，一直是主管的眼中釘。但在雷曼兄弟連動債事件爆發、金融海嘯發生後，原本因為賣很多連動債而業績火紅的一些理專，手上全部的客戶都因為金融海嘯嚴重受傷，導致沒有新業績而被迫離職；但這個老實的理專，因為客戶都沒踩到地雷而存活下來，最後還升任為主管。

2012 年 1 月，《商業周刊》報導一位信義房屋的菜鳥業務員，在房子簽約後還對客戶說：「對不起，檢驗報告顯示這間房子的氯離子含量太高，所以我必須解約，不能把房子賣給你。」這個買家聽了嚇一跳，竟有這麼老實的業務員和房仲公司，從此只找這個業務員買房，後來這個業務員成了信義房屋的明星業務員。

我謹以此篇文章期許自己和大家，成為被天地供養無窮的人！

Part 4

課外篇
聰明買法拍屋

「買法拍屋很容易有糾紛吧？」「價差其實都讓代標業者賺走大半了吧？」「是不是要準備好全部的現金才能投標？」這些都是一般人對買法拍屋的疑問。因為很多問題看似無法解決，所以很多人對法拍屋的價格雖然流口水，但都卻步不敢出手。

其實，標購法拍屋並不困難，只是範圍要限縮，要找不易產生糾紛、有「點交」（法院會負責移交使用權給得標者）的房子下手。而且事前找好願意承作法拍屋貸款業務的銀行，請它們評估你想買的房子，願意借錢給你，前述一般人買法拍屋擔憂的問題，都可以輕鬆解決。

課外篇 1

挑選》只買有「點交」的法拍屋
避免未知的風險及成本

可能秉承客家人傳統的美德，我買東西一向喜歡精打細算，這不代表我就不買名牌或是吃大餐，但原則是相同的，買好東西也要用合理的價格。

我已經注意法拍屋資訊多年，同樣的產品，用比別人便宜的價格買到，當然就是賺到！但過去幾次，因習慣先打電話詢問法拍屋代標業者，他們建議的投標價格都偏高，加上代標業者一律要收 6% 手續費，雖然陸續看中幾間法拍屋的地點和價格不錯，但若加上手續費，沒比市價便宜多少，所以遲遲沒有出手。

一直到 2020 年，我注意到一間位於新北市的法拍屋，已蓋好

3 年、沒人住過，又是超過 10 樓的電梯大樓。去電詢問法拍業者，業者說，因為房屋條件好、會吸引很多人來競標，所以最好用 1 坪 55 萬元的價格去標才有勝算。

但我認為，明明房屋已經到第三拍，法院公告的底價 1 坪才 44 萬元，如果依照代標業者建議的價格，再加上手續費，與市價差距無多。由於這個房子法院可以點交，我決定不透過代標業者，自己用每坪 48 萬元去標；果然得標，且同一個房子只有兩組人投標，並不像業者說得那麼熱門。

有點交的法拍屋，法院會負責移交使用權

不過，由於買法拍屋真的有很多眉角，所以我建議，一般人如果要自己標法拍屋，最簡單省力的原則是——只選有法院點交的房子。

所謂的「點交」，就是案件拍定後，法院會安排時間，會同轄區員警，陪同標得房子的買方（法院用語是「買受人」），將房

若法拍屋三拍都沒成交，會進入應買程序

同一個標的，法院第1次拍賣稱「第一拍」或「一拍」，第2次稱「第二拍」或「二拍」，所以「第三拍」就是第3次拍賣。通常第1次拍賣流標之後，下一個拍次的底價就會較前次底價減少20%（打8折），所以每次拍賣的底價都會比前一次便宜2成，而第三拍底價就是第一拍底價的64折（＝0.8×0.8）。

如果3次拍賣都沒有人得標，就會進入「應買程序」，會以第三拍的底價公告3個月，讓想買的人可以直接用這個價格登記買入。有意願的人，可以先打電話到法院詢問負責該案的書記官，了解有沒有其他人要買，若無人要應買，再跟書記官登記並準備相關文件；因為應買是先到先贏，若已有其他人要應買，就不用浪費時間準備資料。

如果這3個月的應買程序都還是沒有人買，債權人可以向法院聲請再次減價，進入「特拍」（減價特別拍賣）的程序，而特拍的價格會比第三拍再低20%。但若債權人沒有在應買時間提出減價拍賣，此案視為撤回，本輪程序終結；所以不是每個案件最終都會走到特拍的程序。

屋「清點交付」；確認得標者在完成過戶手續後，可以進入這間房子內部，並開始使用，才算完成程序。簡單說，就是法院會負責把房屋的「使用權」移交給得標者。

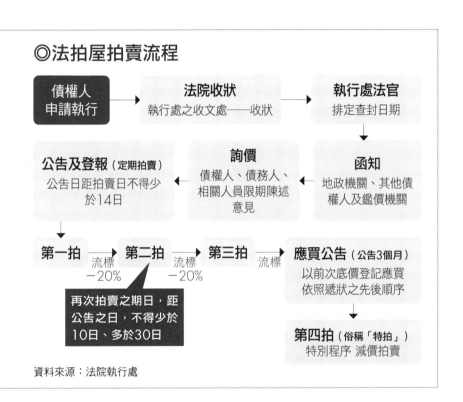

◎法拍屋拍賣流程

債權人申請執行 → **法院收狀** 執行處之收文處──收狀 → **執行處法官** 排定查封日期 ↓

公告及登報（定期拍賣）公告日距拍賣日不得少於14日 ← **詢價** 債權人、債務人、相關人員限期陳述意見 ← **函知** 地政機關、其他債權人及鑑價機關

第一拍 →流標 −20%→ **第二拍** →流標 −20%→ **第三拍** →流標→ **應買公告**（公告3個月）以前次底價登記應買依照遞狀之先後順序 ↓ **第四拍**（俗稱「特拍」）特別程序 減價拍賣

再次拍賣之期日，距公告之日，不得少於10日、多於30日

資料來源：法院執行處

　　要是法拍屋註明「不點交」的話，法院就只確定標得房子的人能夠取得「所有權」即可，也就是讓你有合法文件可以去辦理過戶；若不能順利進入使用，法院是不會出面協助的。

我們先來看看，法院是如何決定房屋可點交、或是不點交呢？法院執行處在接獲房屋要拍賣的通知後，會由承辦案件的書記官前往現場勘查，並查封房屋（貼封條）；若勘查時有以下兩種情況，就被列為不點交：

1. 房屋被占用中，且占用者表明不願意搬遷。占用者有可能是債務人的家人、親戚、債主，或是不明人士。

2. 房屋仍在出租中，占用者出具租賃契約、到期時間還長。以「買賣不破租賃」的原則，就會列入不點交。

標購不點交的房子，必須自行與占用者交涉

如果你去標購法院不點交的房子，就必須自己想辦法跟占用者交涉，最常見（也可能是最容易處理的情況），是對方要求「搬遷補償費」或是「安家費」，要你花錢了事。但對方到底會要求多少費用呢？可大可小，沒有一定的行情，這也是標購不點交法拍屋時，最大的不確定成本。

房屋遭法拍或出售，不會影響原租客權利

「買賣不破租賃」此原則源自於《民法》第 425 條第 1 項：「出租人於租賃物交付後，承租人占有中，縱將其所有權讓與第三人，其租賃契約，對於受讓人仍繼續存在。」先有租賃契約，買賣契約是後來才成立，所以租客在原有的租約期間，就算房屋遭到法拍或賣出，也不會影響承租房屋的權利。

不過，也有例外的狀況，那就是如果租賃契約未經公證，同時租約長達 5 年以上或是沒有定下出租期限，那麼新屋主是有權利終止契約、請房客搬離的。

出現4狀況，可請房客搬離

那麼，還有什麼狀況可請房客搬離呢？這就要回到一般租賃房屋的原則了，根據「租賃住宅市場發展及管理條例」第 10 條第 1 項第 2 款規定，若出現以下狀況，屋主有權提前終止租約，包括：

1. 房客毀損住宅或附屬設備且不修繕或賠償。

2. 房客遲繳租金達 2 個月，經催告之後仍然拒繳。

3. 房客沒有經過屋主同意，就把房屋轉租給別人。

4. 房屋因為重新建築而必要收回。

如果屋主真的另有用途想請房客搬走，就必須以協調的方式進行，通常是給付賠償金，讓房客願意提前終止租約。

在 1996 年我大學畢業剛出社會擔任記者時，跑的是社會新聞線，在待拍的法拍屋裡，常常見到「海蟑螂」罷占房子；這裡的海蟑螂不是指我們常在海邊見到很像蟑螂的昆蟲，而是法拍市場的專門術語，指那些惡意占用房屋不走的人。

當時的職業海蟑螂會組成團隊，鎖定高總價的房子，集結 3、4 個人住下來；等到標得法拍屋的買方辦完過戶，想進到屋子裡時，他們就會假裝是前屋主的債主、死皮賴臉地不搬遷，並要求買方要處理完債務，或是給搬遷補償費才願意走。因為他們料準，這些投標高總價房子的人，會擔心房子被這些看起來非善類者破壞，勢必願意花一點錢（相對於高房價）解決麻煩，所以也經常得逞。

但後來警政單位用「提報流氓」來處置這些恐嚇取財的人，所以近年來已經少見這種職業海蟑螂的行蹤。

現在看到的法拍屋被占用，比較是個案式的。比如說原來的屋主（債務人）本人或家人還住在裡面，或是有親戚朋友借住之類

的；因為原本就住在屋子裡，持有房子的鑰匙，藉此勒索一筆「安家補償」費用的比例不低。

如果得標的買方堅持不付錢，想用正常的法律程序要回房子，必須到法院控告這些人涉犯「侵占罪」，不但要花時間打官司，請律師也所費不貲，曠日廢時。

代標業者擅長處理「不點交屋」，手續費也因此高昂

這時，通常就可以請法拍屋代標業者上場了。代標業者通常有處理這類不點交案件的豐富經驗。我還在《Smart 智富》月刊時，有一次因緣際會採訪了一位法拍代標業的張老闆；他處理過形形色色的案件，他說「什麼事都可能發生。」

有一回他要進去一間房子，門上了好幾道鎖，鎖匠花了幾個小時才把全部的鎖破壞殆盡。正想進門時，屋裡一位赤裸著上身的外省老伯伯，抱著瓦斯桶衝上前，厲聲喝斥著：「你們敢進來，大家就同歸於盡！」

　　張老闆在門外探頭看了看，這老伯伯手臂上是「殺朱拔毛、還我河山」的刺青，屋裡還掛著青天白日滿地紅國旗。

　　他知道這來硬的絕對不成，只好摸摸鼻子決定先撤。後來張老闆帶著 58 高粱，去敲老伯伯的門、跟他搏感情，幾次之後，才順利進到屋裡。原來老伯伯從中國撤退來台後就住在這裡，已經幾十年了；半生戎馬、顛沛流離。張老闆談到這件事時很是感慨，「老兵不死，最後卻為了棲身之所而戰鬥……」而老伯伯不願意搬，只是為著一份已經生根的感情，最後張老闆幫忙老伯伯在附近覓得可安頓的租屋處，才圓滿處理這件案子。

　　當然，這種情況只能算是特例；最常見的狀況，就是屋主欠債太多、走投無路，最後連自住的房子都保不住、被法拍，無處可去。這時候張老闆的任務，就是盡量不讓這個前屋主或他們的家人獅子大開口，必須軟硬兼施，最後協調出一個能讓占用者願意搬走的金額。

　　也因為如此，法拍業者多有黑白兩道的背景，甚至還得養一兩

個「刺龍刺鳳」的小弟，必要時「來點硬的」。所以做法拍代標有些固定成本支出，使得委託代標業者代標的手續費達 6% 之高。

如果以一間總價 1,500 萬元的房子來算，6% 的代標手續費就要 90 萬元。另外，處理房屋占用者的成本是實報實銷，包括搬遷補償費（或叫「安家費」），還有代標業者來來去去處理時的交通車馬費等等。

這些費用對於標房子的買受人來說，就是無法確定金額的其他成本，說不定加一加，跟市價買房子的錢差不多了！這就是為什麼我建議，一般民眾如果想買法拍屋，最好選擇有法院點交的原因，情況相對單純得非常多，而且成本都是固定的。

出價》以願意買入價格投標

約市價85折至9折之間

至於要如何評估法拍屋的出價呢？我從幾次與法拍代標業者聯繫的經驗發現，他們常會建議客戶用「市價」的 9 折以上，甚至到 95 折去標購，因為一來出高價、得標機會大，代標業者才賺得到手續費；二來是，代標費是以總價抽成，出價高，代標業者也才能拿到比較高的服務費。

但依我個人出價心得，最理想的，應該是用「自己願意買入的最高價格」來設定投標價，而且價格最好落在市價的 85 折到 9 折左右（詳見圖 1），不要離市價太近。因為出價太低、可能標不到；出價太接近市價，買起來並不划算。所以如何精準出價，真的是一門學問。

先推估法拍屋市價，再決定投標價
法拍屋出價訣竅

掌握該法拍屋條件

了解該法拍屋的區域、社區名稱、房屋類型、樓層、坪數

↓

推估市價

了解該法拍屋所在區域周遭類似條件房屋的實價登錄價格，多
方打聽，評估該法拍屋的市價

↓

以市價的85折～9折出價

假設評估該法拍屋的市價為總價1,000萬元，出價金額介於
850萬～900萬元為宜。而實際要出多少價格，建議為「自
己願意買入的最高價格」

基於3理由，法拍屋用接近市價購入不划算

　　為什麼法拍屋用接近市價買的話不划算呢？我列了以下 3 個主
要理由：

1.法拍屋不能事先看屋

法拍屋在交屋前是不能事先看屋的。頂多去社區附近走走，了解該社區狀況及附近環境的優缺點。若想進一步了解格局，則可以看看同社區是否剛好有同房型的物件待售，就可以請房仲帶你看屋；如果能向樓上、樓下住戶打聽房子的狀況，當然是最好的。

就算如此，你要標購的法拍屋，室內裝潢有多舊？有沒有漏水？有沒有被破壞？……種種屋況不一定能完全符合你的預期。還有，未來要整修的幅度多大？整修費用要花多少錢？這都是不確定，且要考量進去的風險。

因此，若用接近市價買法拍屋，未知成本及風險太高，還不如直接看市場上現成的中古屋，不但可以事先看房，而且想看幾次就看幾次，有充分的時間到現場仔細檢查屋況，及估算裝潢整理要花費的成本。

2.需花費大量時間成本

你必須多花很多時間研究法拍資料，還可能得向公司請假，才

能去跑銀行申請銀行本票、跑法院投標，再跑銀行匯款，再找代書過戶，然後到現場點交什麼的；「時間就是金錢」，跑這些程序所花費的時間也是要計入成本的。

3.法拍屋若不能撿便宜就沒有買的理由

買法拍屋就是想來撿便宜的，才值得冒一些不確定風險，去取得所謂的「風險溢酬」，或是「風險貼水」。

所以我建議，用大致 85 折到 9 折之間的價格去標法拍屋，若是買到房子，你會開心，沒買到時也不會有太多失落和遺憾，因為你可以安慰自己「競爭對手一定是買貴了啦」、「用接近市價買法拍屋，真的不划算！」說到底，沒標到的最大原因其實是「你和這房子緣分還不夠！」

總歸一句：千萬別為了一定要得標，而出一個跟市價差不多的價格去投標！

流程》4步驟完整教學
新手也能買到理想法拍屋

至於如何取得法拍屋資訊？怎麼填寫標單、投標？點交時要注意哪些事項？以下我將標法拍屋的流程一一整理如下，即使是法拍屋新手，看完以下內容也能輕鬆掌握。我分為 4 個步驟說明：

步驟1》到司法院法拍屋查詢系統查詢資料

司法院有一個彙總全台各法院的法拍屋查詢系統（https://aomp109.judicial.gov.tw/judbp/wkw/WHD1A02.htm），查詢步驟詳見文末圖解教學。

這裡要再特別提醒，若房屋有帶租約，會被法院列為不點交，

因為「買賣不破租賃」原則，這個我們課外篇 2 有說過。若是想買法拍房來收租投資的話，則可以特別看這類不點交而帶租約的房子，因為書記官的筆錄上也會記載租約何時到期？租金多少錢？一來可以從租期長短及租金水準判斷是否為正常的租約（租金如果長達 5 年、10 年，或是租金嚴重偏低，都可能是造假），二來可以依此評估報酬率。

記得大概是 2019 年，那時候房價還沒到噴出大漲的階段，我看到台北市政治大學後山有一間屋齡 7 年的房子，室內面積大約 55 坪，隔成 6 間套房，1 個月的租金收益可以達 7 萬 4,000 元，二拍底價是 1,700 萬元，換算年報酬率有逾 5%、以租金報酬率來說非常高。

這間房子果然在二拍就以 1,701 萬元被標走了。這種帶正常租約的法拍屋很值得買，且了解行情的人會發現，這間房子的租金略高於附近的套房出租價格，代表房子的裝潢及屋況肯定不錯，租客才願意用好的價格承租。不過這種物件可遇不可求，要花時間認真做功課、也需要花時間等待。

除了司法院的查詢系統之外,很多法拍代標業者也會整理出法拍屋的資料。法拍業者網頁通常比較精美、同時會放上房屋的外觀照片,也會特別把查封時的筆錄整理出來,但還是不會有內部的照片,因為房子已經被查封,任何人都是無法進入拍照的。

步驟2》拍賣前先填好「投標書」,準備保證金

在投標之前,必須到各地方法院的服務台,購買統一規格的「投標書」,1份10元,可以多買幾份,以防寫錯或臨時想改價時備用。

填寫投標書,留意3填寫訣竅

投標書一共2頁(詳見圖1),其中第1頁就是要寫明你是誰?要標哪個標的?標的的詳細資料都可以在法院公告裡面找到。填寫時可掌握3個訣竅:

①**投標人就是未來房屋所有權人,不能更改**:所以寫投標書時就要考慮清楚,如果你已婚,房子要放在夫妻誰的名下?他(她)

圖① 投標書共2頁，可在地方法院服務台購得

◎投標書範例　　　　　　　◎投標保證金封存袋

第1頁要填寫個人資料、欲投標的標的

第2頁需放入銀行支票並封存

資料來源：台北地方法院

是不是容易向銀行貸到款項？都要先確定好。

②同一個案號有時會有不同標別：也就是在「標別」欄位出現

「甲」、「乙、「丙、「丁」……（詳見圖2），這是分別代表不同間房子，通常屬於同一個債務人，所以投標書上寫完案號之後，一定要看清楚有沒有分不同標？有的話要寫出標別。

③**出價高於底價的部分，應加在「土地願出價額」上**：我們心裡有準備投標的金額之後，一般人看到要填寫「土地願出價額」和「建物願出價額」幾個字都傻了。一來，「願出價額」不是我們平常用語；再者，分開填寫土地及建物願出價額時，到底要怎麼填？

其實，「土地願出價額和建物願出價額」就是「你對於土地和建物分別出價的金額」，兩個金額合計就是你想買進這屋子所出的總價。

一般來說，為節省日後土地增值稅，你出價比法院公告底價（最低拍賣價格）多出的部分，要加在土地願出價額上，這樣可以墊高你買進這法拍屋中的土地成本，未來要課土地增值稅時，增值差額變比較少，稅也會減少。

圖2 法拍屋同一案號，可能有不同標別
法拍屋案號範例

資料來源：司法院法拍屋公告查詢系統

　　所以填寫原則就是——你要出價的總額，扣除法院公告底價部分，要加在土地的願出價額上。因此，建物的願出價額，就直接填寫法院公告中的建物拍賣底價；而你要出價的總額，扣掉建物拍賣底價，就是你的土地願出價額。簡單化為公式就是：

建物願出價額＝法院公告之建物拍賣底價
土地願出價額＝你想投標買進的價格－建物拍賣底價

　　範例》 A 房屋的法院公告的土地底價為 830 萬元，建物底價 120 萬元，底價合計是 950 萬元；而你打算出價 980 萬元，填寫方式如下：

　　建物願出價額＝法院公告之建物拍賣底價 120 萬元

　　土地願出價額＝你想投標買進的價格 980 萬元－建物拍賣底價 120 萬元＝ 860 萬元

保證金約底價20%，最好用銀行支票支付

　　投標書第 2 頁是「投標保證金封存袋」，法拍屋保證金通常是底價的 20%、無條件進位至萬元。

　　想用現金繳納的，要先到法院的出納室繳納，再把收據放入封存袋裡。但是，不動產價金高，很少人會把現金搬來搬去，通常是使用支票。法院允許投標人用銀行即期支票、匯票或本票，直接放到封存袋內；但千萬注意，一般個人或公司支票，或是商業本票等，都不能用作投標保證金，只有「銀行支票」或「銀行本票」才行。

　　要怎麼開立銀行支票？必須先到開戶銀行的櫃檯，銀行會確認你帳戶裡有足夠的錢，開立完成後即把這筆錢從你戶頭扣除（就像我們買賣全額交割股要先圈存的概念一樣）。支票的抬頭可以開自己的名字，或是地方法院的全名，如果是前者，要注意「不行」禁止背書轉讓；因為你得標之後，這個錢就抵充房屋價款，法院要直接把支票存到法院戶頭裡，所以支票開立自己名字的話，要確保是可以轉讓的。

步驟3》得標後須限期繳款，應事前找好代墊銀行

　　在投標日當天，法院拍賣處上會有一個大大的時鐘；拍賣時間一開始，拍賣處就會開啟投標的標櫃、讓大家投入投標書，半個小時後即封閉投標櫃。然後各案件的書記官會拿出標單一一檢視，並宣布每一個房子的最高出價者、即買受人。

　　買受人被唱名之後，書記官會叫你走上前去，當場算出扣除保證金後、買受人還要繳交的餘款，然後給你一張單子，告訴你幾月幾日之前要把餘款繳清。其餘未得標者的保證金支票，書記官

也會當場歸還。

　　法院規定，得標者的買屋餘款需在 7 天內繳交，時間很趕。所以如果你原本就計畫餘款要向銀行申請代墊的，在投標之前，就要先找好願意承辦這個案件代墊款的銀行。

　　一定要注意，不是每家銀行都有法拍屋貸款這項業務。大型行庫裡，第一銀行、合作金庫銀行、華南商業銀行等，都有成立專門承作法拍屋貸款的部門；中小型銀行像聯邦、安泰、板信商銀也有類似部門。

　　如果你已經有看中的法拍屋，可以先打電話到銀行，告訴它們你有意投標的物件，銀行業務員會盡快去了解，並大概估價之後，告訴你可以貸款的額度。

　　根據我過去接觸的經驗，銀行比較願意承作一般住宅房屋的法拍貸款案，但對於商辦或是土地，承作的意願就很低；而筆錄中如果記載為凶宅、海砂屋，或是被占用的房子，銀行也傾向不承

作。當然每家銀行的政策可能隨時空環境不同而改變，大家可以多詢問比較。

而貸款會分成 2 個階段，在你得標後，在完成過戶之前，因為貸款人手上還沒有拿到房屋所有權狀，銀行會先借你「代墊款」，讓你可以在得標後 7 日內繳交給法院。

代墊款很像是信用貸款一樣，所以利率較高，從 5.8% 起跳，最高可能到 12%，以日計息。銀行同時會向你收取一筆單一價計費的「申辦手續費」，金額從 6,000 元～ 2 萬元不等，有的則收取房屋總額的 0.1% ～ 0.3%。待房屋過戶完成，拿到所有權狀之後，這筆代墊借款即轉為一般房貸，利率也會調降。過戶期間可抓 1 個半月～ 2 個月，不會太長。

步驟4》先履勘交屋，若不順利才請求法院強制點交

餘款繳納完成後，法院會核發「不動產權利移轉證明書」給買受人，寫明「買受人自領得本證書之日起，取得該不動產所有

權」，讓買受人據以辦理房屋過戶。如果請一般代書辦理過戶，費用約 1 萬到 1 萬 2,000 元。另外，一般買屋時所需的契稅等等也都是要付的。

需要注意的是，法院公告裡雖然表示可以點交，但買受人還是必須自己主動寫好點交狀（全名為「民事聲請點交不動產狀」，可在司法院全球資訊網裡找書狀範例），寄達書記官處。書記官擬出「履勘」日期後，會通知轄區的員警派員共同前往，而這員警的差旅費，也要買受人負擔。

以我自己標得的房子來說，由於是未被占用的空屋，因此履勘時就順利取得了使用權。說實話，在進去房子前，內心一定會有忐忑的，畢竟這是花一筆大錢所購入的物件。就像拆禮物一般，可能會有驚喜，也一定會有失望的部分。像我進去後，讓人開心的是，前屋主已裝設櫥櫃，有德國洗碗機及烤箱；失望的是，房屋的格局可能未盡理想，雖是三房格局，但是其中一個房間偏小。所以我一再強調，屋內格局不如預期，是買法拍屋要考量的風險之一。

　　若買到的「有點交房屋」裡有其他人占用，法院會發公文要求對方限期搬遷。期滿後若占用人仍未搬離，買受人可再具狀聲請強制點交，法院會再另安排日期、發出強制執行通知；屆時，書記官及員警都會到場協助買受人交屋。我整理出一個簡單的點交流程給大家參考（詳見圖 3）。

　　比較麻煩的是，屋裡若有前任屋主的動產遺留物，法院會將屋內有價值的動產遺留物清點造冊（若是衣物等無價值品，可在法院同意下毀棄）。法院通常會請拍定人在屋內找間房間，或另找倉庫代為儲藏保管，並通知原屋主前來領取。但若前屋主不願出面領取，則進入動產拍賣程序。

　　我必須說，Part 4 是寫給想從法拍市場撿便宜的新手看的，因為法拍屋的眉角真的太多了。可能有人會批評：「你不過才標過一間法拍屋就敢教人」，或是說：「不點交的法拍屋價差才高！」

　　我會回答他，除了有錢老闆之外，哪個平民百姓敢拿自己的幾百萬元或幾千萬元開玩笑？就算我只得標過一間法拍屋，但這麼

大筆的資產，在出手之前，一定是要全部資訊都詳細研究才行的。
我也建議各位想買法拍屋的朋友，一定要認真收集資料，仔細研
究、謹慎出價，有十足把握才出手。至於買不點交的法拍屋，需
要有經驗的高手、熟手，我覺得一般百姓還是別碰比較好！

也許有的風水老師會跟你說，房子淪為法拍，就代表氣場不好，
會影響主人的事業運、財富運什麼的，勸你不要買法拍屋。我分
享某週刊一篇封面故事給大家。

這報導寫道，一個剛出社會、薪水不到 3 萬元的小資女孩，靠
著 4 個帳本、買法拍屋、賺外快等等，50 歲就擁有逾千萬元房
產、300 萬元現金，獲得財富自由的故事。

這個主角這一輩子工作的薪水加上外快，每個月收入最高只有
6 萬元，而且還要給父母 1 萬元的孝養金。她之所以能夠擁有千
萬房產，是因為在 2003 年、她 29 歲那一年，在新北市永和區
拍得一間 360 多萬元的法拍屋，經過 10 年努力還完房貸。第 2
個 10 年，她又存下了 300 多萬元的現金。到她快要 50 歲時，

圖3 **拍定人須主動向法院聲請點交法拍屋**
法拍屋點交流程

拍定人（即買受人）7日內繳清尾款及價金

法院核發不動產權利移轉證明書
①拍定人據以辦理產權過戶　　②向法院聲請點交

書記官訂出現場履勘日期

書記官現場履勘（會同轄區員警）

確定無人占用及無前任屋主遺留物

無人占用但有前任屋主遺留物

履勘發現有人占用，書記官現場協調搬遷日期，並另發公文通知現住人搬遷之強制執行日期

交付房屋，拍賣完成

交付房屋。有價值的前任屋主遺留物則清點造冊，由拍定人暫時保管，並通知前屋主前來領取；若前屋主不願領取，則另進入動產拍賣程序

期限到強制執行（會同轄區員警）

交付房屋，拍賣完成

房價已經漲為原來的 3 倍以上。她計畫再過 5 年，就可以退休。

我個人看這則故事的最大重點就是，對很多年輕人來說，「買對房子就決定你一生的命運。」

尤其在出書此時，因為俄烏戰事推高油價，通膨更加升溫，房屋交易熱絡，房價也節節上漲。我還看到一個前同事在臉書上哀嘆買不起房……他們已經是雙薪家庭，且先生服務於外商公司，算是中產家庭了，那一般普通收入家庭就更別說了！

覺得房子太貴買不起的人，會發現等愈久門檻愈高，愈是遙不可及。所以有心買房的年輕人，其實可以多多注意法拍屋市場這一塊，只要認真研究，注意好每一個環節，還是有機會便宜買房。只要能夠先入手一間小的，就算是靠郊區一點也沒關係，未來再伺機找大一點的、靠近市中心的，手上這一間，就讓你有換房的本錢。

圖解教學　查詢法拍屋資料

進入司法院的「法拍屋查詢系統」（https://aomp109.judicial.
gov.tw/judbp/wkw/WHD1A02.htm），拍賣標的選擇❶「房
屋」；拍賣程序及結果選擇❷「一般程序」；其餘欄位可以設定房屋
的坐落地點、面積、價格帶、拍別（第幾次拍賣），及是否點交、是
否為空屋、權利範圍是部分或全部……等等條件，設定完成後按下❸
「查詢」。

另外，依目前市況來說，房屋通常成交在第 2 拍或第 3 拍，因此在❹
「拍別」的選擇上，可以從已經到第 3 拍的房子開始看起，價格相對
實惠；之後再看第 2 拍。

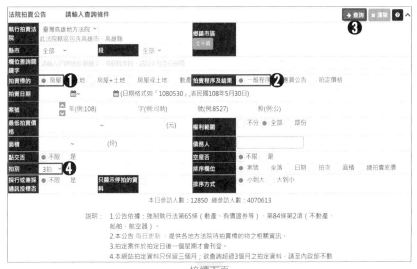

接續下頁

Step 2

查詢結果會列出符合條件的房屋列表，選定房子之後，點選該房屋的 ❶「房屋地址」，即會另開視窗跳出法院拍賣公告，公告內容中除了有「投標日、時、場所」等基本公告資料，別忘了查看公告下方「附表」中的不動產❷「使用情形」，這就是所謂的「現場勘查筆錄」。法院前往查封房子時，書記官會記載現場所見，寫成「勘查筆錄」，包括屋子是否有外觀可見的漏水，屋內是否有動產遺留，房子有沒有被第三人占用等等。

筆次	法院名稱	案號股別	拍賣日期拍賣求數	縣市	房屋地址權屬面積	總拍賣底價(元)	點交	空屋	標別	看圖	備註	採擇訊投標	土地有無遭受污染	地圖
1	臺灣基隆地方法院(謙秒)	109司執字第022147號	111/05/18第3拍	基隆市安樂區	中和路31坪 X 全部建物拍賣底價 新台幣 2,890,000 元 ❶	16,149,000	點交	甲	🖼		是	查詢	地圖
2	臺灣基隆地方法院(謙秒)	109司執字第022147號	111/05/18第3拍	基隆市安樂區	中和路35坪 X 全部建物拍賣底價 新台幣 3,252,000 元	16,149,000	點交	甲	🖼		否	查詢	地圖
3	臺灣基隆地方法院(謙秒)	109司執字第022147號	111/05/18第3拍	基隆市安樂區	中和路21坪 X 全部建物拍賣底價 新台幣 11,560,000 元	21,221,000	不點交	乙	🖼		是	查詢	地圖
4	臺灣基隆地方法院(謙秒)	109司執字第022147號	111/05/18第3拍	基隆市安樂區	中和路19坪 X 全部建物拍賣底價 新台幣 867,000 元	21,221,000	不點交	乙	🖼		是	查詢	地圖
5	臺灣基隆地方法院(謙秒)	109司執字第022147號	111/05/18第3拍	基隆市安樂區	中和路27坪 X 全部建物拍賣底價 新台幣 2,818,000 元	16,149,000	點交	甲	🖼		是	查詢	地圖
6	臺灣基隆地方法院(謙秒)	109司執字第022147號	111/05/18第3拍	基隆市安樂區	中和路4坪 X 全部建物拍賣底價 新台幣 217,000 元	16,149,000	點交	甲	🖼		是	查詢	地圖
7	臺灣基隆地方法院(謙秒)	109司執字第033839號	111/05/17第3拍	基隆市安樂區	蔡西收14坪 X 全部建物拍賣底價 新台幣 535,000 元	2,026,000	如備註或使用情形欄所示		🖼		否	查詢	地圖

❷

使用情形	110年10月18日履勘時，債務人不在場，建物為空屋，目前無人居住使用，一樓及夾層牆壁有些許裂痕，據管理員表示，該戶目前尚欠110年6月至10月之管理費（每月2134元）。債務人另有位於地下二層編號324號平面汽車停車位，據債權人於111年3月14日查報現已出租他人使用；本件指定後點交；惟實際使用情形，投標人應自行查明
備註	一、上開不動產6宗合併拍賣，請投標人分別出價。 二、拍賣最低價額合計新台幣：16,244,000元，以總價最高者得標。 三、保證金新台幣：3,249,000元。

資料來源：司法院法拍屋公告查詢系統

與房仲簽委託銷售契約前之
賣方檢查確認表

本書第 1 ～ 8 課，提到了賣房時跟房仲往來過程中，可能會遇到的各種狀況，尤其是被誤導自己的房子不夠值錢而以低於行情價賣出，或是不慎白紙黑字另簽「契變」底價而以自己不滿意的價格賣出等，都是賣房時最不希望發生的事。

我將幾種特別需要留意的要點整理如右方的檢查表，如果你有賣房需求，別忘了在跟房仲簽立「不動產委託銷售契約」前，要仔細檢查以下項目，希望幫助你減少踩到陷阱的機會。

簽約前檢查事項	勾選欄
1.確保契約有3天審閱期並確實執行	
2.仲介費趴數以區間表示，或寫「視成交價格彈性調整」	
3.自行上實價登錄網站，或張金鶚教授的「好時價House+」（houseplus.tw）網站，查詢附近成交行情來訂出開價，切勿聽信房仲業務員的開價建議	
4.底價只能大約口頭告知房仲業務員，千萬不要另簽「委託事項變更契約書」把底價寫出來	
5.若制式合約裡有房仲卸責聲明，請記得告訴對方，此條與法律牴觸無效，請整條槓掉	
6.簽「一般約」優於「專任約」，可有比較多的曝光機會，也有比較多業務員幫你服務	
7.委任時間先簽3個月（一般業務員為求省事，會要求簽半年），到期視業務員表現，再決定是否續約，或是換另一個業務員	
8.若房仲業務稱有買方出價斡旋，通常是要來殺價的；一定要看到正式的「斡旋單」、「斡旋書」或「要約書」才與業務員談價	

附錄 ②
與賣方簽立買賣契約前之
買方檢查確認表

　　本書第 9 ～ 14 課，都在提醒想要買房的讀者們避免誤踩瑕疵屋的陷阱。買房最怕在不知情的狀況下買到有重大瑕疵的房屋，或是交屋後發現房屋的缺點比賣方敘述的糟糕很多。

　　由於在簽下「不動產買賣契約書」那一刻，幾乎是無法反悔了，若事後發現大問題，得要申訴自力救濟，甚至告上法院才有可能扳回一城。為了避免勞心傷財，若能在簽約前多做確認，將能為自己省去許多日後的麻煩。右表是針對買房者在簽立買賣契約書前的重要檢查項目。

簽約前檢查事項	勾選欄
1.若房屋賣方為建商或投資客，契約可有5日審閱期；若房屋賣方為一般個人，買賣契約則沒有審閱期	
2.請前屋主詳細揭露房屋所有漏水處的位置	
3.向前屋主確認是否有白蟻蟲害？並且寫明於房屋現況說明書	
4.確認是否為類凶宅或間接凶宅？並且寫明於房屋現況說明書	
5.確認附近是否有個人較在意的嫌惡設施項目，如行動電話基地台、大型電塔、墓地等？	
6.增建部分是否有分管協議？是否有過爭議、或被舉報拆除過？	
7.清楚列出屋內附贈物或家具清單	
8.若制式合約裡有前屋主或房仲卸責聲明，例如「本次交易賣方不負瑕疵擔保責任」，請記得告訴對方，此條與法律牴觸無效，請整條槓掉	

註：可參考第9課，比對不同房仲公司提供的房屋現況說明書，如有你想得知的房屋狀況，再自行加入檢查表中

國家圖書館出版品預行編目資料

房市老手21堂超強實戰課：快速看穿房屋買賣陷
阱／陳淑泰著. -- 一版. -- 臺北市：Smart智富文
化，城邦文化事業股份有限公司，2022.05
　　面；　　公分
ISBN 978-626-95659-4-8(平裝)

1.CST: 不動產業

554.89　　　　　　　　　　　　　111006497

Smart 智富

房市老手21堂超強實戰課
快速看穿房屋買賣陷阱

作者　陳淑泰
企畫　黃嫈琪

商周集團
執行長　郭奕伶
總經理　朱紀中

Smart 智富
社長　林正峰（兼總編輯）
副總監　楊巧鈴
編輯　邱慧真、施茵曼、陳婕妤、陳婉庭、劉鈺雯
資深主任設計　張麗珍
封面設計　廖洲文
版面構成　林美玲、廖彥嘉

出版　Smart 智富
地址　104 台北市中山區民生東路二段 141 號 4 樓
網站　smart.businessweekly.com.tw
客戶服務專線　（02）2510-8888
客戶服務傳真　（02）2503-5868
發行　英屬蓋曼群島商家庭傳媒股份有限公司城邦分公司

製版印刷　科樂印刷事業股份有限公司
初版一刷　2022 年 5 月
ISBN　978-626-95659-4-8